やさしすぎるあなたがお金持ちになる生き方

やさしいお金持ちをつくる専門家
吉武大輔

フォレスト出版

はじめに

お金の問題を解決しようと思ったら、お金を見てはいけない。

これが、私が知っているお金の秘密です。

なぜなら、**「お金の問題」に見えるものは、すべて「感情の問題」**だからです。

私はこれまで、7000人以上の方のカウンセリングに関わりましたが、人との繋《つな》がりを大切にし、やさしく繊細な感受性を持っている人ほど、経済的な面で困っていました。

どんなに素晴らしい人柄で、ビジョンを持っていたとしても、理想の実現に必要な行動が充分ではなかったり、行動を結果に繋げるための戦略が不足していることで、理想が夢物語に終わっていたのです。

また、「お金がもっと欲しい」という願望の裏側に、「私にはお金がない」という不足感や欠乏感が深く根ざしており、「お金は汚いもの」「お金は人を傷つけるもの」

「お金がないことは不幸だ」など、お金に対して間違った認識を持っている方も少なくありませんでした。

これらの経験から私が導き出した解決方法は、**お金そのものを見るのではなく、お金の問題を抱えている人の「感情と関係性の問題」を読み解いていくことによってお金の問題を解決する**、というシンプルなものです。

すなわち、**「お金の問題＝感情の結果」であり、「お金の問題という結果」を変えるためには、「結果を生み出した原因」を見ていく必要がある**ということです。

お金の問題そのものを見るのではなく、お金の内側に隠されている感情という原因を見つめていくことで、お金の不安から解放され、豊かな人生を送るための原則をお伝えしていきます。

そのために、本書では「感情使いの老師になるための道筋を書き示した地図」を、お渡しします。

この地図は、

縦軸がお金を示し、「お金がない」「お金がある」

横軸が時間を示し、「時間がない」「時間がある」

という4つのマトリックスで設計されており、イメージをしやすくするために、それぞれにキャラクターの名前をつけて説明していきます。

- 挑戦者――「お金も感情も不安定な挑戦者」
- 勇者――「お金を通じて感情や関係性の大切さに気づく勇者」
- 賢者――「関係性を通じてお金を生み出す賢者」
- 老師――「感情と関係性を扱う感情使いの老師」

具体的な考え方や使い方については本文で説明しますが、この地図を活用することで、本書が最終的に目指している、お金と時間の両方を扱える「感情使いの老師」になるための道を進むことができます。

そして後半では、「感情」とその先の「関係性」にも言及していきます。

お金がある

勇者

お金を通じて感情や関係性の大切さに気づく勇者

- やりたいことを実現している
- お金は手にしたが、自由がなく忙しい
- 自分や他人の感情を置き去りにしがち

主な職業

会社役員、成功した起業家、
自営業 etc

老師

感情と関係性を扱う感情使いの老師

- 精神的にも物質的にも満たされている
- 感情と関係性を自在に扱える
- 人を育てることが喜び

主な職業

ビジネスオーナー、投資家、
教育者 etc

時間がない ⟷ 時間がある

挑戦者

お金も感情も不安な挑戦者

- お金も時間も自由度が低い
- 人間関係にも悩みが多い
- 将来が見えず、不安を感じている

主な職業

(まだ目標を持っていない)
サラリーマン、OL、
学生、主婦、フリーター etc

賢者

関係性を通じてお金を生み出す賢者

- 人のサポートをすることが好き
- 自分ひとりで何かをするのが苦手
- 興味の幅は広いが、やりたいことや人生の方向性が漠然としている

主な職業

コンサルタント、カウンセラー
などのサポート業
企業内の中間管理職、人事担当者 etc

お金がない

なぜなら感情の扱い方をマスターすると、人間関係の悩みを解決することや、人と人を繋げて望む成果を生み出せるチームつくりが得意になり、関係性から生まれる安心感や真の喜びを体験することができるからです。

あらゆる場面において土台となる信頼関係をつくることができるようになれば、お金だけでなく、自由な時間も手に入れることができます。

すべては、あなたが自分の感情と向き合うことから始まります。
あなたの人生を導いていくのは、あなた自身です。

感情や人との関係性のつくり方は、私たちが生きるうえでとても大切なことですが、今までの学校教育では、それらを体系的に学ぶ機会がほとんどありませんでした。
お金についても同様で、私たちはお金に対する知識や、お金にまつわる感情の扱い方を学ばないまま無防備な状態で大人になったため、私たちの人生や感情はお金に大きく影響されることになりました。

表面的なスピリチュアルの教えや自己啓発に依存するのではなく、自分の感情を丁寧に見つめ、その奥に隠されていた叡智《えいち》を扱えるようになると、家族や友人といった身近な存在、さらには、社会や未来という大きなものとの繋がりも感じることができるようになります。

人や自然を思いやる心があり、繋がりを大切に生きようとしているやさしい人ほど、精神的にも現実的にも豊かな人生を生きて欲しい、これが私の願いです。

繋がりを大切にしたいという感性こそが、この世界で真の豊かさを実現できる鍵だと信じているからです。

強い使命感を持っている人や、自分は目立たなくても誰かを支えたいという、やさしさを持っている人たちに光が当たること。

そして、自分だけが不足しているという孤独感からひとりでも多くの人が解放され、自分の感情や他者との関係性に向き合うことで、真の豊かさを分かち合うことのできる人生を歩んでいくことを祈っています。

吉武大輔

やさしすぎるあなたがお金持ちになる生き方　もくじ

はじめに　1

第1章

やさしすぎるあなたがお金持ちになる2つの道

お金があれば、本当に幸せになれるのか　14

人はお金ではなくお金を使って得られる感情を求めている／目的地と現在地を確認する／ワーク1／豊かさの本質を知る／お金の正体／ワーク2／自己実現の先にある未来／お金を手にしたことで気づいた、真の豊かさ／ワーク3／感情使いの老師になるための地図／ワーク4

第2章

勇者の道

勇者の特徴 51

自分の才能を信じ、自力で道を切り開くカリスマ的存在／勇者は時間をお金に変える／自分の価値を発揮できなければ、豊かになれない／勇者は仕事をするのではなく、仕事をつくる／勇者がお金に隠した本当の感情／自分の本当の感情に気づかせてくれた親友／ワーク5

勇者の役割 69

ビジョンを語る／新しい価値を創造する／コミュニティをつくる／ワーク6

勇者の試練 76

やりたいことを極める／勇者の限界を悟る／オンリーワンの勇者だからこその自分の盲点に気づく／ワーク7

本物の勇者であり続けるために 87
人間関係を大切にする／動機が自我（エゴ）になっていないか／賢者を信頼し、関係性のつくり方を学ぶ／ワーク8

第3章
賢者の道

賢者の特徴 101
仲間の可能性を信じ、献身的に支えていく陰の立役者的存在／賢者は時間を信頼に変える／信頼をつくる鍵は、人格と能力／賢者は何をするかではなく、誰とするか／勇者がいなくても、賢者として事業をつくる方法／賢者の事業のつくり方／ワクワクすることをやるだけでは、豊かになれない／ワーク9

賢者の役割 119
ビジョンを見守る／好き嫌いを超えて、長期的な信頼関係を築く／コミュニティを育む／ワーク10

賢者の試練 125
受けとることで、自己価値を高める／ひとりで問題を抱え込まない／勇者に対する投影を終わらせる／ワーク11

本物の賢者であり続けるために 134
さまざまなタイプの勇者と出会う／純度の高い存在として生きる／賢者は勇者の孤独を愛し、勇者は賢者からの愛に気づく／ワーク12

第4章 老師の錬金術

老師の投資 147
老師はお金ではなく、資産をつくる／人が求める4つの本質／1つ目の本質「安心」／2つ目の本質「成長」／3つ目の本質「繋がり」／4つ目の本質「貢献」／ワーク13

老師のお金の考え方 168
自分の基準を明確にする／数値は因数分解して考える／思い込みから目覚める／ワーク14

老師のお金の増やし方 177
これまでのお金の増やし方は、間違っているのかもしれない／究極の投資方法／自己投資から他己投資へ／ワーク15

老師がお金を通じて見ている世界 188
すべての人の営みは、教育にたどり着く／教育の本質は、自分を超える存在を育てること／お金の使い方に、その人の人生が表れる／ワーク16

第5章

老師のあり方

すべては変化することを受け入れている 198

自分の選択に責任を持つことで、心の安定を保つ／Everything's gonna be alright.／真の安心は、変化のなかにある／ワーク17

すべてに感謝している 207

あるものに目を向けて、心の領域を広げていく／今の自分に「◯《まる》（全肯定）」を出す／感謝とは、完了のサイン／ワーク18

真の財産を理解し、利を追わず徳を積み続ける 219

誰かの喜びや感動のためにできることをする／真の財産を理解しているか／人を愛する教育者としての老師／ワーク19

おわりに 230

第1章

やさしすぎるあなたがお金持ちになる2つの道

お金があれば、本当に幸せになれるのか

人はお金ではなく お金を使って得られる感情を求めている

あなたは、お金持ちになりたいですか？
どうして、お金持ちになりたいのでしょうか？

「お金があれば、幸せになれるから」
「お金の不安がある人生なんて嫌だから」
「お金がないと、やりたいことができないから」
「お金を自由に使って、好きなことを、好きなだけしたいから」

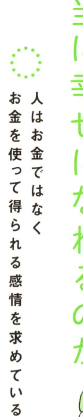

多くの人は、「今の自分が理想の人生を生きていないのは、お金がないからだ」と思っているかもしれません。でも本当は、**お金が欲しいのではなく、「お金があればできること」が欲しくてお金を求めている**のです。


あなたは、お金があれば何がやりたいですか？

なぜそれをやりたいと思っていて、それをやることができれば、どんな自分になれると思っていますか？


この問いに答えることができずにお金を追い求めるのは、ゴールを決めずに、目隠しをしたまま、がむしゃらに走り続けるマラソンに挑むようなものです。

「一生懸命働いたら、お金の悩みから解放されるはずだ」

そう思って努力してきたのに、働いても働いても、なぜか楽にはなりません。

お金に対する不安が頭の片隅から離れず、もしかしたらこれまでの無理がたたって、体調を崩してしまうかもしれません。

また仕事優先で生きてきたため、家族とのコミュニケーションの時間が少なく、気づいた時には夫婦関係が冷めていたり、子どもたちとの距離ができているかもしれません。

どうしたらやりたいことをしながら、喜びや豊かさのある人生を送ることができるのでしょうか？

この原因は、**「お金と感情の秘密」を見落として、お金だけを求めてしまった**ことにあります。

精神的にも満たされ、現実的にも豊かな暮らしを送るためには、**お金と感情を合わせて考える**必要があるのです。

世の中で成功者と呼ばれている人たちは、充分なお金を手にした後に、感情や関係性の学びこそが重要であることに気づきます。

しかし、お金を手にした後に「お金と感情の秘密」に気づくのではなく、お金を手にする前にこの学びを深めることができれば、もっと安心して人生を生きる人たちが増えていくでしょう。

お金と感情の秘密についてはあまり語られていないため、闇雲《やみくも》にお金を稼ぐことやお金を増やすことに注目が集まり、お金を持つことが成功であり、正しいことのように多くの人が錯覚しています。

本書では、**お金も感情も自由に使えるようになる原則**をお伝えしていきますが、私はそのような成熟した存在を**「感情使いの老師」**と呼んでいます。

「魔法使い」という言葉はありますが、「魔法持ち」という言葉がないように、お金も感情も持っているだけ、奥に秘めているだけでは価値を生みません。

お金や感情の力は「使うこと」によって、初めてその真価を発揮することができるからです。

これからみなさんと目指すのは、単にお金持ちになることではありません。

人間らしい温かな心も持ってお金を使い、お金を通じて**自分と他者の感情を癒《いや》し、関係性をつくっていく、「感情使いの老師」を目指します**。

そのためのステップを、

- お金も感情も不安定な「挑戦者」
- お金を通じて感情や関係性の大切さに気づく「勇者」
- 関係性を通じてお金を生み出す「賢者」
- 感情と関係性を扱う感情使いの「老師」

という4つのキャラクターと地図を使って、お話ししていきたいと思います。

お金がある

勇者

お金を通じて
感情や関係性の
大切さに気づく勇者

- やりたいことを実現している
- お金は手にしたが、自由がなく忙しい
- 自分や他人の感情を置き去りにしがち

主な職業

会社役員、成功した起業家、
自営業 etc

老師

感情と関係性を
扱う感情使いの
老師

- 精神的にも物質的にも満たされている
- 感情と関係性を自在に扱える
- 人を育てることが喜び

主な職業

ビジネスオーナー、投資家、
教育者 etc

時間がない ←→ 時間がある

挑戦者

お金も感情も
不安な挑戦者

- お金も時間も自由度が低い
- 人間関係にも悩みが多い
- 将来が見えず、不安を感じている

主な職業

（まだ目標を持っていない）
サラリーマン、OL、
学生、主婦、フリーター etc

賢者

関係性を通じて
お金を生み出す
賢者

- 人のサポートをすることが好き
- 自分ひとりで何かをするのが苦手
- 興味の幅は広いが、やりたいことや人生の方向性が漠然としている

主な職業

コンサルタント、カウンセラー
などのサポート業
企業内の中間管理職、人事担当者 etc

お金がない

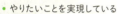

目的地と現在地を確認する

それでは、内容に入っていく前に、**あなたの目的地と現在地を確認する**ことから始めましょう。

目的地とは、「**今のあなたが達成したい目標**」です。
現在地とは、「**今のあなたが感じている本音**」です。

カーナビをイメージするとわかりやすいでしょう。

たとえば、カーナビの目的地を「東京」にセットします。

すると、「東京」に着くことはできますが、具体的に東京のどこに行きたいのかが不明確なので、それ以上先に進むことはできません。

正確な目的地にたどり着くためには、**目的地（今のあなたが達成したい目標）が、具体**

的であることが大切です。

あなたがもし、「お金持ちになりたい」という目標を持っているとしたら、今の自分がイメージできる、できるだけ具体的なお金持ちの状態を書き出してください。

具体的にどのくらいの収入や資産があり、どのようなライフスタイルを送っているでしょうか？

いざ目的地を具体的に書き出そうとすると、多くの人が漠然としたイメージしか持っていないことに気づくと思います。

同時に、忘れてはいけないのが、**現在地**です。

目的地が明確になっても、現在地がわかっていなければ、目的地までのルートを検索することができません。

再び、カーナビをイメージしてください。

今度は、目的地に「ディズニーランド」と入力したとします。

先ほどの「東京」よりも、具体的な目的地を入力できたので、ナビをスタートしようとするのですが、ナビには、現在地が表示されていません。

この状態で、ディズニーランドにたどり着くことができるでしょうか？

現在地が不明確なままでは、いくら目的地を明確にしても、たどり着くことはできません。

現在地とは、今のあなたが感じている本音です。

多くの人が人生で迷っているのは、目的地が不明確なだけでなく、**現在地である自分の本音を無視してしまっている**ことにあります。

たとえば、「あなたにとって、お金とは何ですか？」と聞かれた時に、あなたはどのように答えますか？

本音では「お金とは怖いもの」と思っているのに、「お金とは愛のエネルギー」など、本音と違うことを現在地にしてしまうことが、道に迷う原因になっているのです。

本音（現在地）を確認する時に大切なのは、「**思い浮かぶものが、ポジティブなもの**

であっても、ネガティブなものであっても、今の自分の本音を大切にする」ということです。

今の本音がどんなものであっても、正しい現在地から踏み出すことができれば、確実に目的地に近づいていくことができますが、本音ではないところから進み始めてしまうと、いつまでたっても堂々巡りの人生をさまようことになります。

たとえ、「今の自分の本音は未熟で、人に知られたくない」と感じていたとしても、まずは本音を受け入れましょう。

大切なことは、目的地や現在地を頭で理解するだけでなく、実際に行動し、経験を積みながら、自分で自分を導いていくことです。

この時、直感で動くことも大切ですが、直感だけに頼るのではなく、思考の力も活用していきます。

車でたとえるなら、**直感はアクセル、思考はブレーキ**です。

直感だけでは前に進むことはできても、必要な時に止まることができずに、事故を起こす可能性があります。

逆に、思考だけでは、いつまでも前に進むことができません。
直感と思考は、行動することによって相乗効果を生み出すことができます。
「心で方向性を決めて、頭で道のりを考える」という習慣を身につけていきましょう。

ワーク 1

1 あなたが達成したい目標（目的地）とその理由を書き出してみましょう
2 今のあなたが感じている本音（現在地）を書き出してみましょう
3 現在地と目的地を繋げる道筋を考えてみましょう

豊かさの本質を知る

お金と感情の秘密について学んでいく時には、「豊かさ」に対するイメージが鍵になります。

あなたが豊かさを感じるシチュエーションを、自由に思い浮かべてください。一切の制限がないとしたら、あなたはどんな豊かさを体験したいですか？

自然のなかでボーッとしたい。
好きな音楽を聴いて、家でくつろいでいたい。
お気に入りの温泉に入りたい。
家族みんなが笑顔で、楽しく食事をしたい。
大好きな人と一緒に過ごしたい。
海外旅行に行きたい。

さまざまなものが思いつくと思いますが、ここで注目して欲しいのは、**豊かさを感じるシチュエーションにはお金がかかるものと、かからないものがある**、ということです。

たとえば、自然のなかでボーッとするのにお金は必要ありません。

好きな音楽を聴いて、家でくつろぐこともそうです。

お気に入りの温泉を楽しむには、数千円程度のお金が必要かもしれません。

家族みんなが笑顔で楽しく食事をするには、どんな食事をするかによって必要な金額が変わりそうですね。

大好きな人と一緒に過ごす、海外旅行に行くというのも、何をどこでするのかによって違ってくると思います。


ここであなたに気づいて欲しいのは、**豊かさを感じるためには、必ずしもお金が必要ではない**ということです。

なぜなら、**豊かさとは心の状態**だからです。

この豊かさの捉え方によって、あなたはお金の本質が感情であることを経験していくことができます。

たとえば、高級時計の代名詞であるロレックスの時計が欲しいと思っている人は、ロレックスの時計そのものが欲しいわけではありません。**ロレックスの時計を身につけている時の感情が欲しい**のです。

時計の機能である「時間を知る」ためなら、スマホや1000円程度の時計でも充分なのに、なぜロレックスが欲しいのでしょうか。それは、「ロレックスの時計を身につけることでしか得られない感情がある」と本人が思っているからです。

このように**私たちは、自分が欲しい感情を得ることができそうなものにお金を払う、無意識の習慣**を持っています。

高級な車に乗りたい、いい家に住みたい、というのも同じ原理です。

高級車に乗ることや、いい家に住むことで得られる（と本人が思っている）感情のために、私たちはお金を欲し、無意識にお金を使っています。このことに気づくと、お金と感情の関係が段々と見えてきます。

ここで着目したいのは、ものの価値とは、絶対的なものではなく相対的なものなので、人によってまったく違うということです。
「ロレックスを買うくらいなら、家族旅行に行きたい」「美味《おい》しいものを食べたい」「新規事業の運転資金にしたい」など、人によって欲しい感情（ニーズ）は、さまざまです。

自分の感情が大きく揺れ動くほどロレックスを愛している人もいれば、「時計に数百万円も払って何になるんだ」という価値観の人もいます。

あなたの豊かさは、あなた自身が決めるものです。

あなたがお金を通じて欲しいと思っているもののさらに奥にある、「本当に欲している感情」に気づくことができれば、豊かさや欲しい感情を得る方法が、この世界にはたくさん存在していることがわかります。

「お金がなければできないことがある」「お金がなければ幸せになれない」という思い込みから抜け出し、自分が得たい感情を得るポイントを知れば、お金の有無にかかわらず、いつでもどこでも豊かさを感じることができるのです。

お金の力に頼った豊かさは、本質的に見ると、お金に依存しています。

お金があったら幸せ、なかったら不幸では、いつまで経《た》ってもいくら稼いでも、常にお金の不安から抜け出すことはできません。

あなたにとって、真の幸せ、真の豊かさとは何でしょうか？

あなたが欲しているのはお金そのものではなく、お金を通じて得ることのできる幸せ、豊かさ、充足感、安心などの感情だと気づくことはできましたか？

お金の正体

人は無意識に、自分が欲している感情を得るためにお金を使っています。

今まさに、あなたが本書を読んで勉強しているのも、お金について学ぶことで自信を持ちたい、安心感が欲しい、会社の売上を上げて成功したいなど、**欲しい感情を得るため**です。

お金持ちの1つの目安としてよく言われる「年収1000万円になりたい」という目標も、あくまで表面的なものであり、年収1000万円になったら「こんなことができる、こんな気持ちになれるという感情が欲しくて年収1000万円を目指している」というのが本書における、お金の見方です。

お金を通じて得たいと思っている感情を丁寧に観察していくと、あなたや、あなたの、周りの人のお金の定義、つまり、お金をどう捉えているかがよくわかります。

不安を解消したい、人に勝ちたい、人よりも目立ちたい、安心したい、認められたいなど、人は無意識にお金に対して、さまざまな感情を意味づけています。

人は、**自分の感情を満たすため、もしくは、自分が見たくない感情を見なくていいようにするためにお金を欲しているの**です。

あなたは今日からお金そのものではなく、**お金を通じて得ようとしている感情に目を向けていくことで、自分のことも相手のことも、より深く理解することができる**ようになります。

あなたが人生を通じて、最も欲しいと思っている感情。

それが、**お金の正体**です。

たとえば、「お金とは生きるために必要なもの」だと思っている人は、幼少期から「安心」という感情を得ることができずに育ったケースが多く、安心できない理由をお金のせいにしてしまいがちです。けれども、本当はお金に悩んでいたのではなく、両親との関係性、周囲との人間関係に悩んでいた、というのが隠された本心です。

ほかにも「お金とは自由」だと思っている人は、幼少期から「制限」を感じて生きてきたケースがあり、「私が自由に生きることができないのは、周りの人が私のことを理解してくれていないからだ」「お金さえあればもっと理解され、自由になれる」と感じています。この場合も、お金を得たことで自由になるわけではなく、人を理解すること、そして人から深く理解されることが自分が欲しかった感情だったと気づくと、人生が大きく変わります。

このようなお金に対する思い込みの詳しい説明は、「お金のバイブル The Bible of Money（http://money-bible.com）」で詳しく説明していますので、ご興味のある方はご覧ください。

ワーク 2

1　あなたがお金を通じて、欲しいと思っている感情はどんなものですか？

2　あなたにとって豊かさとは何ですか？　どんなシチュエーションの時に、豊かさを感じますか？

3　豊かさを感じるシチュエーションのうち、お金がかかるものとお金がかからないものを分類して、まずはお金がかからないものから日々の生活のなかに取り入れていきましょう

自己実現の先にある未来

多くの人が、お金から自由になることを追い求めながら、お金に縛られるという矛盾した人生を送っています。

仮に、あなたが大成功を収めて、毎月数千万円という収入が入ってくるようになったとしましょう。

最初は喜びに満ち溢《あふ》れ、自分の成功を誇らしく思い、欲しいものを買ったり、世界中を旅したり、関わってくれた人にお礼をしたり、親孝行にお金を使うかもしれません。長年夢見てきた情景が現実のものとなり、満たされた思いを感じることができています。

しかし、その感情はいつまで続くでしょうか。

何もしなくても、変わらず毎月数千万円が入ってきています。

さらに収入が増えて、毎月数億円が入ってくるようになりました。

自宅も買った、車も買った、両親の家も建て、海外旅行にも行った。

欲しいものもすべて手に入れ、何の不自由もありません。

あなたはその時、どんなことを感じると思いますか？


この境地に至ると、**「自分のことを、自分だけで幸せにするには限界がある」**ということを感じ始めます。

自分の欲求が充分に満たされた後は、**「自分はもう豊かになった。次はこの豊かさを、自分以外の誰かと分かち合いたい」ということが次の動機**になります。

お金の自由、時間の自由を得た先には、これまで追い求めてきた自己実現ではなく、周囲との関係性を通じて、貢献することが喜びであるという世界観が存在します。

通常、この老師の境地は、数多《あまた》の経験を積まないと気づくことができません。

多くの人からすると、単なる理想論だと思われることも少なくありませんが、経験を積んでからこの境地を生きるのではなく、この境地を今この瞬間から生き始めるからこそ、人生の質が高まり、お金と時間を早い段階で得ることができると私は考えています。

30代、40代、50代と、仕事や子育てに奮闘し、人生を折り返して一段落した頃から人生を真剣に考え始めるのではなく、豊かな人生を送りたいと心から思った瞬間から、人に貢献し、関係性を育《はぐく》みながら豊かな未来のために生き始めるのです。

お金を手にしたことで気づいた、真の豊かさ

このようなことに気づいた経緯は、私自身の実体験に基づいています。

私が23歳で独立して数年後、ある程度事業が安定してきた頃に、お金が余るという経験をしました。

起業したてで生活がギリギリだった状態から、収入が増えていったことでお金が余

るようになり、一般的に言われている贅沢《ぜいたく》を試した時期があります。

たとえば、長距離の移動は夜行バスから新幹線に変え、宿泊はビジネスホテルからシティホテル、財布や服装など身につけるものも高価なものを増やしてみました。

「お金持ちになりたければ、ホテルのラウンジでお茶をするといい」「グリーン車に乗って移動すると基準が上がる」などお金にまつわる話を実際に試してみたのです。

あるホテルに泊まった時、ホテルの好意で部屋がアップグレードされて、1泊数十万円はするスイートルームに案内されたことがありました。

100平米を超える広い部屋で、最初は「部屋が3つもある！」「お風呂から夜景が見える！」「最上階！」と、テンションが上がっていましたが、5分もすると「部屋は広いけれど、ひとりなんだよな」と苦笑していました。

収入が上がることで選択肢が増え、不自由なく欲しいものを手に入れることができれば豊かになれると思っていたのですが、そうではありませんでした。

世間でイメージされるお金持ちの体験だけでは、私は豊かさを感じることはできなかったのです。

これが、「私にとっての真の豊かさとは一体何だろう？」と考え直す貴重な機会となりました。

話が少し変わりますが、私は温泉が大好きです。

特に、季節を感じることができる露天風呂と、季節の料理をいただける歴史ある旅館への滞在は、私が豊かさを感じる代表的なシチュエーションです。

しかし、最高の贅沢だからといってお気に入りの宿を何百万円も払ってひとりで貸し切っても、豊かさを感じることはできません。

私が心から豊かさを感じるシチュエーションの1つには、「平日の昼間に仲間と家族ぐるみで温泉に行く」ことがあります。

このシチュエーションに必要な費用はおおよそ、日帰り温泉の入湯料が1000円前後、ランチが2000円前後で、合計3000円程度です。

3000円程度の出費にもかかわらず、豪華なスイートルームに泊まった時よりも、はるかに豊かさを感じることができるのが、平日に仲間と過ごす温泉なのです。

これは、資産を数十億円持っていても数万円しか持っていなくても変わらない、私にとっての普遍的な豊かさの象徴です。

こうして自分の豊かさの定義を知ったことで、お金のあるなしにかかわらず、日々豊かさを感じることができる瞬間が自然と増えていきました。

この、一見単純に見えるシチュエーションの背景には、さまざまな要因が含まれています。

私にとっての豊かさには、

- 平日・土日関係なく、自由なライフスタイルを送ること
- 人間関係が良好で、それぞれの家族同士も仲がいいこと
- 生涯をかけて関係性を育み、同じ世界観を共に生きていること
- 温泉という、季節や自然を感じる贅沢な時間と心を分かち合えること

などが、背景に隠されています。

この豊かさを叶《かな》え続けていくために、現在も仲間たちとさまざまな事業を立ち上げ、一生涯付き合っていける人間関係を育み続けています。

自分の豊かさの定義に気づかず、ただひたすらに事業を拡大しよう、お金を稼ぎ続けようとしていたら、このような私にとっての真の豊かさを味わうこともできないまま、収入だけが増えていく人生だったかもしれません。

ワーク 3

1 ― やりたいことや夢をすべて叶え終えたあなたは、どんな生き方をしていますか？
2 ― あなたにとって、真の豊かさとは何ですか？
3 ― 真の豊かさを感じながら生きていくために、あなたはどんなことを大切にしますか？

感情使いの老師になるための地図

ここでもう一度、「はじめに」で紹介した「感情使いの老師」になるための地図をご覧ください。

多くの人が、自分の人生に何が起きているのか、どう対処したらいいのかがわからずに悩む原因として、「今のあなたが達成したい目標」という目的地と、「今のあなたが感じている本音」という現在地を、正しく把握できていないことは先にお伝えしました。

ここからは、あなた自身の目的地と現在地を知り、地図を活用することで、本書で最終的に目指している、お金と時間の両方を扱える「感情使いの老師」になるための道を進んでいきましょう。

まずは、それぞれのキャラクターの特徴について確認していきたいと思います。

勇者の道、賢者の道

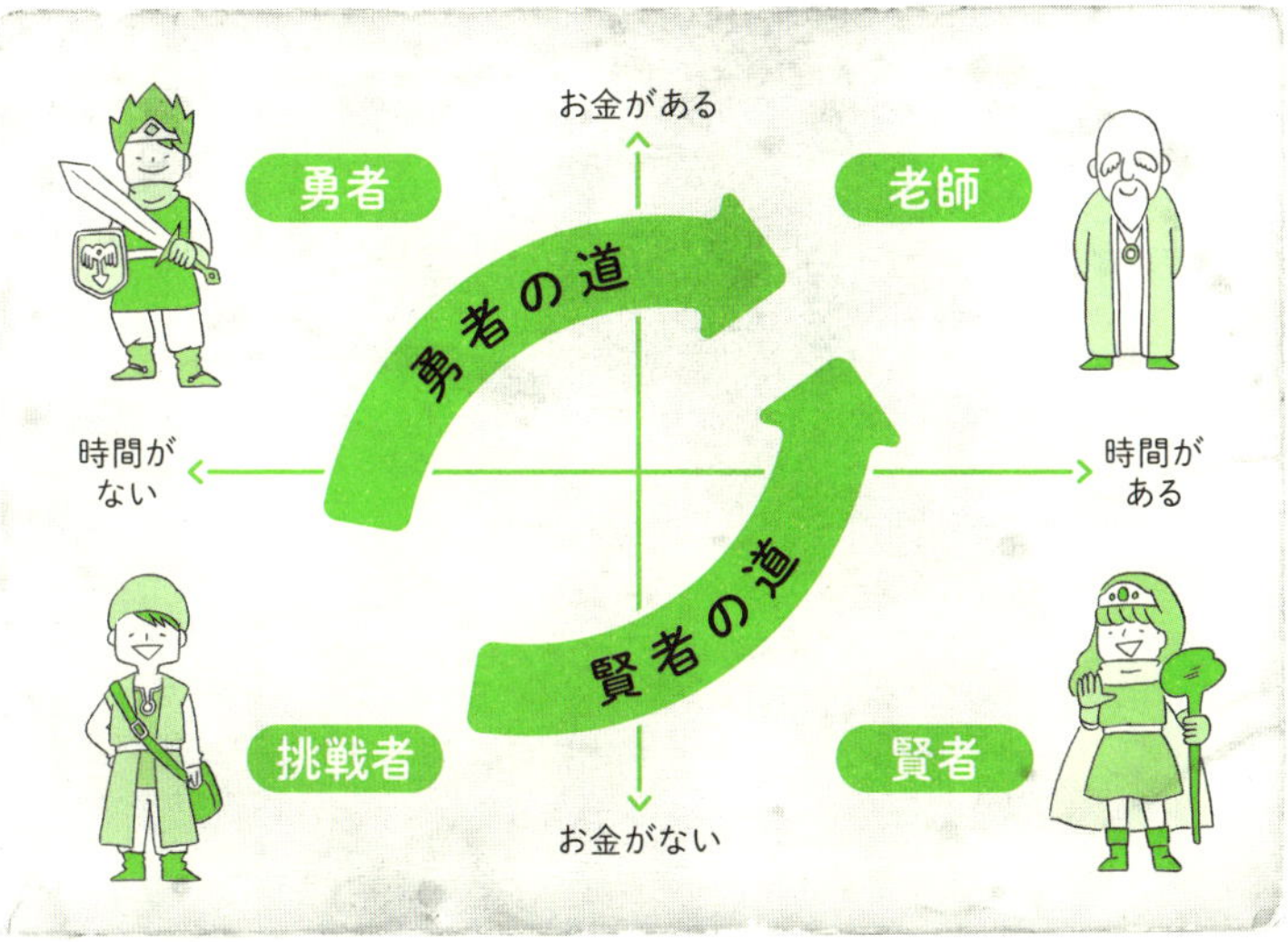

お金も感情も不安定な「挑戦者」

基本性質

お金も時間も自由度が低く、人間関係に悩みが多い。将来が見えず、不安になることが多い

主な職業

まだ目標を持っていないサラリーマン、OL、学生、主婦、フリーター etc

隠されたテーマ

自分自身との関係、決断（選択）すること

お金を通じて感情や関係性の大切さに気づく「勇者」

基本性質

やりたいことを実現しお金は手にしたが、自由な時間がほとんどなく、自分が動き続けなければ仕事が回らない。「忙しい」が口癖で、仕事が人生の中心。そのため、自分や他者の感情を置き去りにしてしまい、信頼のある関係性をつくることが苦手

主な職業

会社役員、成功した起業家、自営業 etc

隠されたテーマ

自分で自分を認めること、共感と信頼を集める人格を磨くこと

関係性を通じてお金を生み出す「賢者」

基本性質

やりたいことがわからず、何から始めたらいいかわからない。人のサポートをすることは好きだが、人生の方向性に悩んでいる。そのため、時間を漠然と過ごしており、自分の価値をお金にすることが苦手

主な職業

コンサルタント、カウンセラーなどのサポート業、企業内の中間管理職、人事担当者
etc

隠されたテーマ

周囲から認められること、結果を生み出す能力を高めること

感情と関係性を扱う感情使いの「老師」

基本性質

精神的にも物質的にも満たされており、感情と関係性を自在に扱うことができる。仕事はオーナー業が中心。そのため、人を育てることを喜びとし、与えること、分かち合うことを通じて、教育者として関係性と真の財産を築き続ける

主な職業

ビジネスオーナー、投資家、教育者 etc

隠されたテーマ

教育、継承

さて、あなたの現在地は、４つのキャラクターのなかでどれに近いと思いますか？
直感で構いませんので、イメージしてみましょう。

すでにお金も時間も手にしている老師の方もいるでしょうし、会社を経営しながら勇者の道を歩んでいる方、人のサポートをする賢者の道を歩んでいる方、今からまさに旅を始めようとしている挑戦者の方などさまざまだと思います。

本書で目指すのは「感情使いの老師」ですが、それぞれのステージで必要な学びを習得すると、自然と次のステージへ進んでいくようになっています。

最終的には、この４つのキャラクターすべてを経験するようになっており、それらが統合されたのが「老師」という存在です。

老師への道のりは、大きく「勇者の道」と「賢者の道」の２つに分かれていますが、**本書でおすすめしている道は、「賢者の道」を歩むこと**です。

勇者の道はお金を稼ぐ時の王道であり、自己啓発やお金に関する本も勇者の道の考え方を中心に説いているものが多く、実際にたくさんの経営者やリーダーが勇者の道を歩んで成功してきました。

けれども、

- これまで、自分で事業をしようとしても成果が出なかった
- ひとりですべてをやらなければいけないことに不安がある
- 成果が出たとしても、短期的なもので終わってしまった
- 頑張り続けることが辛くなった
- 人からの評価や批判に耐えられなかった

などが思い当たる方は、実は**勇者の道ではなく、賢者の道を歩むことで、自分の想像を超える成果を生み出すことができるかもしれません**。

その逆もしかりで、人を支える**賢者の役割に徹していた人が、自分を中心に事業や人生をつくり直して成果が出た場合、実は勇者の特徴を持っていた**、と考えることもできます。

まずは、自分が信じる道を進んでみること。

そのなかで得た気づきや豊かさを、自分のためだけでなく、周りの人と分かち合うことによって感情使いの老師になる人を増やしていくことが、本書の1つのミッションです。

ワーク 4

1 あなたは、自分がどのタイプだと思いますか？　その理由を書き出してみましょう

2 友人とお互いがどのタイプだと思うかをシェアをしてみましょう

3 勇者の道、賢者の道について、今の気持ちや意気込みを書き出してみましょう

第2章

勇者の道

勇者の道

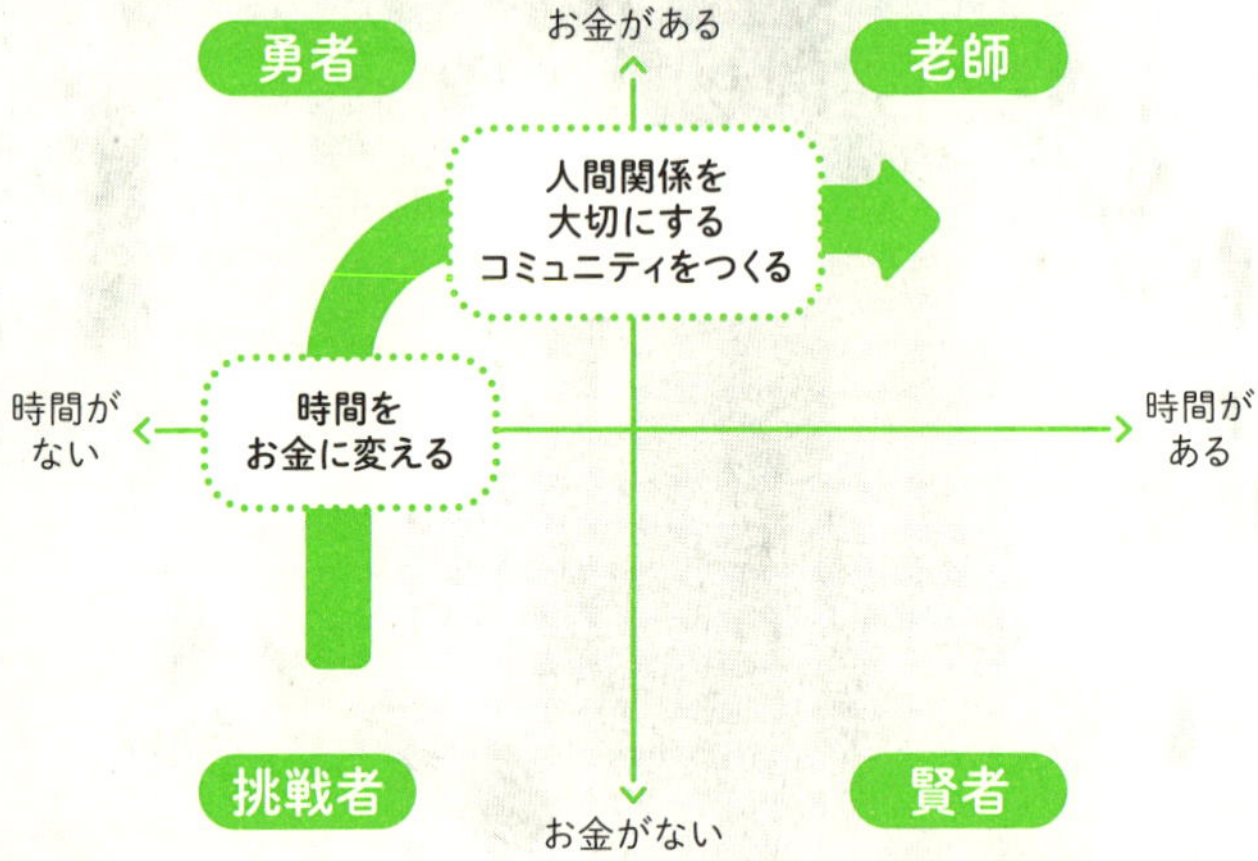

勇者の道

自分の才能を信じ 時間をお金に変えて 人々を導いていく

メリット

- スピード感があり、ワクワク感がある
- 自分中心に、物事を進めることができる
- 自分の価値を、自分で決めることができる
- 自分の力次第で、どんなことにも挑戦できる

デメリット

- 感情を置き去りにすることが多いため、
  人間関係や健康状態などに無理が生じやすい
- 孤独や不安を感じやすい
- やりたいことで起業した場合、外部化が難しく自分が動き続けないといけない
- 勇者の道で成功するのは、100人にひとり程度

勇者の特徴

自分の才能を信じ、自力で道を切り開くカリスマ的存在

勇者は、他の人にはない才能やカリスマ性を持っており、周囲の人たちを自分のビジョンに巻き込んで導くことができる存在です。

小さい頃から目立っていたり、なぜか人をまとめる立場になることが多い人、いつも自分の意見を持っていた人などは、勇者の気質が強いかもしれません。

勇者は自分のやりたいことが明確で、それを実現するために自分の才能を信じ、自ら行動していくことでお金という成果を手にしていきます。

勇者が動けば、そこに道ができる。

まさにリーダーと呼ぶにふさわしい理想像が勇者であり、自分で起業したり、チー

ムのリーダーとして仲間を牽引《けんいん》することが得意な人は、勇者の道を歩むことで豊かな人生を歩むことができます。

勇者は時間をお金に変える

勇者の最大の特徴は、**時間をお金に変えていくこと**です。

挑戦者は自分の時間を労働にあて、賃金を得ます。そうして雇われて得る労働収入の状態から、自らの意志によって独立を決断し、自分で生計を立てていく事業収入の状態に移行することが、勇者の道の始まりです。

挑戦者は労働することによってお金を得ていますが、勇者は自分の好きなことや興味のあることに時間とお金を自己投資していくことで、自分の持っている才能を磨き、価値を高め、その経験から導き出したビジョンやアイデアを事業化することによって、お金を得ていきます。

挑戦者と勇者の最大の違いは、

- **労働者**（挑戦者）の価値は、雇い主（会社）が決める
- **事業者**（勇者）の価値は、事業者（勇者）が決める

ことにあります。

挑戦者の段階では、自分の仕事にどれだけ価値があると思っていても、価値（報酬）を決めるのはあくまで雇い主（会社）です。

そのため、どれだけ素晴らしい才能を持っていたとしても、その価値が認められていなければ自分の真価を発揮することができず、挑戦者のステージから抜け出すことができません。

つまり、勇者として歩み続けるためには、**自分で自分を認めることが重要なプロセス**なのです。

他者からの評価に左右されることなく自分の価値を信頼し、その価値を高めていく生き方が勇者の道の醍醐味《だいごみ》であり、**自分の人生に責任を持つという強い決断が、挑戦者を勇者へと成長させていきます。**

自分の価値を発揮できなければ、豊かになれない

私たちはお金が欲しいと思った時、働くことを通じて収入を得ることが一般的です。けれども、**お金と時間の両方を得るには、単に働くだけでは難しい**ことを知っておく必要があります。

ここで、収入を得るための代表的な3つの方法を見ていきましょう。

①労働収入：労働力をお金に変えること。サラリーマン、OL、フリーターなど
②事業収入：価値をお金に変えること。自営業者、経営者など
③権利収入：資産や権利をお金に変えること。ビジネスオーナー、投資家など

①の労働収入は、サラリーマンやＯＬ、フリーターなど、雇用されている人たちが該当し、組織に属し、働くことによって収入を得る方法です。

②の事業収入は、事業をしている人が該当し、自分の才能によって社会的価値を生み出すことができなければどれだけ労働しても収入は上がりませんが、価値を最適な形で顧客に届けることができれば、労働収入の何倍〜何十倍もの収入を得ることが可能な方法です。

③の権利収入は、ビジネスオーナーや投資家などが該当し、資産や権利（不動産や株券、知的所有権など）を運用することによってお金を増やしていく方法です。

この3つを聞くと、多くの人は権利収入が望ましいと思うかもしれませんが、自分にあった収入を得る方法は、生き方や価値観によってさまざまです。

たとえば、自分が焙煎《ばいせん》した珈琲《コーヒー》をお客様の目の前で提供することが喜びである人は、いくら収入が増えても現場を離れることはありません。

逆に私の仲間には、権利収入を得てしまったがゆえに、日々やることがなくなって退屈になってしまい、もう一度就職をして、その後新たな事業を立ち上げた人もいます。

働くことの本質はお金を得ることではなく、理想の人生を生きていくための自己表現と、自分が社会に対して貢献できることのバランスが整っていることであるため、私はどの収入形態を選んでも構わないと思っています。

ですが、お金も時間もバランスよく得る感情使いになるためには、「**労働収入だけでは難しい**」ということを理解しておく必要があるので、時給で働く人を例にあげてみましょう。

たとえば、時給900円で1日8時間、1か月に20日働いている人がいるとします。

〔計算〕900円×8時間×20日＝月収14万4000円

※イメージをつかむための計算式なので、時間外労働による割増し賃金や税金などの考慮は省きます。

これでは、ひとり暮らしの人が生活するギリギリの収入かもしれません。

そこで、収入を増やすために時給の高い仕事に転職し、かつ働く時間も長くすることにしました。

次の職場は、時給1200円、1日10時間で、1か月に26日働いたとします。

〔計算〕1200円×10時間×26日＝月収31万2000円

収入は2倍以上になりましたが、休みは週1回、毎日10時間働くことになります。

もし、アルバイトで年収1000万円を達成したければ、時給1500円、毎日20時間労働、休みなしで1年間働くことができれば、月収90万円、年収1080万円です。

〔計算〕1500円×20時間×30日×12か月＝年収1080万円

このように、**自分の価値を自分で決めることができない労働収入（挑戦者）では、お金と時間の余裕を両立させることが難しい**ことがわかります。

お金と時間を得るには、自ら事業を起こしていく「勇者の道」か、事業をしている仲間を支える「賢者の道」のどちらかを選択していくことが必要なのです。

勇者は仕事をするのではなく、仕事をつくる

挑戦者のステージで組織に雇われるメリットは、お金を稼ぐために必要な開発・製造・販売・管理・ビジネスモデル設計や、社会保障や福利厚生などを組織が用意してくれていることにより、自分は守られながら、担当業務に専念できることです。

つまり、勇者として生きる時には、組織に所属していた時の常識や考え方が通用しないことを理解しておく必要があります。

組織に所属するメリットよりも、自分が生み出す価値のほうが高いという自信を持ち、自己価値を高め続けられる人が、勇者の道を歩み始めることができます。

最近は、雇われている状態でも成果次第で報酬を上げることができる成果報酬型の仕事も増えてきましたが、報酬のアップダウンが激しく、生活が安定するまでに時間がかかるというデメリットもあります。

勇者は「仕事をする」のではなく、「仕事をつくる」ことが最初の仕事になります。

自分の仕事を自分でつくることができなければ、持っている才能を活かすことができません。

「仕事をつくる」とは、自分の価値を明確にし、それを必要としてくれる人と出会い、価値とお金を交換するということです。

勇者の道を目指して、やりたいことを仕事にすることを目指す人たちがうまくいかない理由の1つに、「**自分がワクワクしていても、誰もそれを求めていない**」ということがあります。

たとえば「マッサージを仕事にしたい」と思い、お金も時間もかけて勉強したとしても、誰かが「あなたからマッサージを受けたい」と思わなければ、それは仕事ではなく、趣味になります。

勇者は、はじめは誰からも求められていない状態から、圧倒的な商品力やカリスマ性によって、相手が欲しくなるような事業や仕掛けをつくることによって、やりたいことを仕事にしていきます。

あなたがもし勇者の道を歩みたいのであれば、

- あなたはほかにはない、圧倒的な商品力、カリスマ性を持っているか？
- あなたのつくり出した価値にお金を払いたいと思う人に、思いを届ける手段はあるか？
- 自分の思いやコンセプトに一貫性とメッセージ性はあるか？

について検証する必要があります。

駆け出しの勇者として歩み出した人たちの多くが悩むのは集客です。
勇者の集客の方法は、自分のビジョンに巻き込み、理想の未来を思い描かせ、その未来を実現できると訴えかけることが代表的ですが、勇者自身の自分軸が試されることが多く、駆け出しの時点ではまだその軸が確立していません。

時間をかけてぶれない軸をつくっていくことで集客は安定してきますが、もし、どれだけ自分軸をつくろうとしてもうまくいかない人は、賢者としての仕事のやり方のほうが合っている可能性があることを覚えておいてください。

勇者がお金に隠した本当の感情

勇者にとってお金とは、自分が働いた対価であり、努力や評価の象徴でもあります。自分のビジョンに共感してくれる人が増えると成果も大きくなり、「自分は間違っていない」「自分は正しい」という気持ちと、「それを証明するためのお金も持っている」という構造が成り立っていくからです。

けれども、その自己主張の気持ちと、扱うお金の額が大きくなればなるほど、勇者が抱える闇は深まっていきます。

なぜなら、勇者自身が成果を出そうとする原動力は、**実は「認められたい」「自分の正しさを証明したい」「自分の孤独を愛して欲しい」という、時として本人も気づいていない、潜在的な思いからきていることがある**からです。

勇者は、自分のなかにある弱音、怒り、ネガティブな思いを吐き出すことが苦手です。それを外の世界に出してしまうと、周囲が離れていってしまうのではないか、嫌われてしまうのではないかと、いつも自分の本当の気持ちを隠しています。

このような感情を隠し持っていても、成果が出れば出るほど、「自分は愛されている、間違っていない」という感情を得ることができるため、ある程度の段階まではお金をモチベーションに活動することができます。

しかし、成果とともに自分の闇も大きくなり、それと対峙《たいじ》しなければならない瞬間が多くなり、お金では埋めることのできない自分の本当の感情に気づき始めます。

この瞬間が、勇者が老師になることができるかどうかを決める重要なシーンです。**勇者が自分の本当の気持ちを自覚することで、潜在的な力を解放し、モチベーションの源泉がお金から貢献や繋がりへとシフトしていくタイミングが訪れます。**

この勇者に不可欠なタイミングをつくってくれるのが、勇者の周囲にいる仲間であり、「賢者」なのです。

自分の本当の感情に気づかせてくれた親友

私自身がこの大きなタイミングを体験したきっかけは、ある親友の存在でした。

20代だった私は、先輩経営者の方々から経営戦略やコンサルティングの手法など、さまざまなことを学ばせていただいていました。

当時の私は向上心と比例して自我も強く、クライアントの成果が出ない理由を、クライアントの行動不足や勉強不足、視点の狭さや本気で取り組んでいないからだ、という否定的な見方をしていました。

これは「隠れた自己否定を他者に映している見方」で、心理学用語では「投影」と呼ばれるものです。当時の自分はそんなことに気づくはずもなく、「こんなにダメなクライアントでは、いくら指導してもラチがあかないし、自分も正当な評価がされず、実力をわかってもらえない」とまで思い込んでいたのです。

ある経営者の方からも、「君は頭の回転も速いし、コンサルティング能力も高い。個人で人と関わる仕事もいいけど、もっと大きなビジネスをして、大きな結果を出してもいいんじゃないかな?」というアドバイスをいただいたことが、さらにこの考え方を助長させます。

20代の私は、当時どこにいっても「独特な考え方を持った、よくわからない青年」と見られることが多かったので、尊敬する先輩からそんなふうに声をかけていただき、本当に嬉《うれ》しかったのです。

そのため、「自分の頑張りを認められたい」という潜在的な思いを動機にしていることに気づくことができず、自分を理解してくれる人の話だけを聞き、自分にとって都合の悪い話には耳を傾けない、という勇者が陥りやすい自己都合の思い込みにはまっていました。


この頃、すでにコンサルタントとしてさまざまな人たちの相談にのっていましたが、クライアントのひとりに私の親友がいました。

彼は英会話のコーチングの自営業を始めたばかりでなかなか成果が出ず、私も彼にどうにかして結果を出して欲しい、と悪戦苦闘していました。

ビジネスプランを一緒に考え、マーケティング戦略もつくり込んだうえで、お金と感情がリンクしていること、お金の問題に見える問題は感情の問題であること、お金に対する感情は、両親との関係やパートナーシップの問題とも関連していることも伝えました。

私から見ると、彼は「人が大好きで貢献したいのに、誰も俺を理解してくれない」という気持ちを隠し持っており、周囲から理解してもらうために、無意識にしていた自己主張が逆に周囲との距離をつくっていました。

すると、せっかくいい商品を提供しているにもかかわらず、人間関係をうまくつくれずに契約が短期で終わってしまう、ということを繰り返してしまうのです。

現実面から精神面まで向き合うコンサルティングという名のカウンセリングをしながら、真摯《しんし》に彼と関わり続ける日々を過ごしていました。

そんなある日、彼から電話がかかってきました。

「大輔、お疲れ！」

「おー、お疲れ。どうしたん？」

「あのな、大輔に報告があるんだ！　俺さ、今月20万円稼げたんだよ！　本当に嬉しいよ！　ありがとうね、大輔！」

「………」

彼の言葉を聞いた瞬間、私は何も言葉にすることができず、大号泣していました。

「よかったね、おめでとう！」という一言も伝えることができないくらい、自分のなかから何かがこみ上げて、嗚咽《おえつ》が止まらなかったことを今でも覚えています。

周囲からなかなか理解されなかった不器用な親友が、誰かから必要とされて、売上をつくることができたこと。

彼が嬉しそうに、それを報告してくれたこと。

自分の仕事が誰かの幸せに繋がって、親友を通じて次の人にも伝わり、その想《おも》いがこれからも連鎖していくこと。

「そうか……。自分はお金を稼ぎたかったわけでも、社会的に成功したかったわけでもなくて、ただ、この気持ちが欲しくて仕事をしていたんだ……」

今でもこの瞬間を思い出すたびに、こみ上げてくるものがあります。

自分の正しさを証明するために必死に学び、成果の出せないクライアントを否定しながら同時に自分のことも責めていた私に、自分が生きていきたい本当の指針や勇者としての大きなシフトを与えてくれたのは、不器用でトラブルをよく起こす、でも誰よりも純粋な想いを持っていた親友でした。

それ以来私は、この親友のように顧客の幸せを願うやさしい想いを持って、未来のことや次世代のことをひたむきに考えている人たちを応援し続けようと決めました。

やさしい世界観を持った人たちが、経済的にも精神的にも豊かに生きていけるよう支援することが、私の新しい指針となったのです。

ワーク
5

1　あなたの勇者としての最大の強み、才能は何ですか？

2　あなたがお金に隠した本当の感情や指針は、どんなものだと思いますか？

3　あなたの本当の感情に気づかせようとしてくれている人は誰ですか？

勇者の役割

ビジョンを語る

勇者は自分のやりたいことを通じて、人々に希望や勇気という感情を与えていきます。

普段、我慢して生きている人や、自分の本音を誤魔化しながら生きている人からすると、自分の思いのままに生きている勇者と接することで、自分の思いを代弁してくれているという気持ちや応援したくなる気持ちが湧《わ》いてきます。

勇者はそのエネルギーを受けとり、さらに活動的になっていきます。

人々にどの方向に向かって進めばよいかを説き、無理だと思われていることを次々と実現していくことで、信憑性《しんぴょうせい》を高め、勇者の可能性を信じる人たちがますます増

えていきます。

勇者にとって共感者が増えるということは、関わるお金の額が大きくなることにも繋がり、共感とお金の両方を手にすることで、勇者のビジョンはますます壮大になっていきます。

最初は、勇者個人の思いから始まったビジョンも、周囲からの応援を受けて、個人のものから公のものへとシフトしていきます。


勇者のビジョンは、お金をはじめとするさまざまな制限や不安から、多くの人を解放することに繋がっています。

勇者は自分の存在を通じて、多くの人に「真の人生とは何か?」を問いかけます。

「私(勇者)の道は、今、こうして生きている道です。あなたの道はどんな道ですか?」と。

最初は、「勇者だからできるんだ、私には無理だ」という気持ちを持っていた人たちも、勇者と接し続けることによって「自分にもできることがあるのではないか」と感じたり、自分自身のビジョンを思い出していくことができます。

「あなたも自分を生きることができる。あなたにしかできないことがある」ということを、勇者は自らの生き方を通じて伝えていくのです。

新しい価値を創造する

勇者は人々が無意識に求めている理想を言葉にし、イメージを伝え、その未来が実現できるということを、自分の生き方や存在を通じて証明していきます。

勇者が提供する価値は、今までの世の中にはない革新的なものであることが多く、最初は受け入れがたいと思われていても、共感者が増えていくことによって確かな新しい価値として徐々に世間に浸透します。

この**生き方そのものが商品であり、顧客にとっての価値になる**ということを、勇者は理解していきます。

先見の明を持つ勇者は、古くなっている仕組みや体制を指摘し、解体し、新たな秩序を構築していきます。

Appleの創業者のスティーブ・ジョブズ氏や、パナソニックの創業者の松下幸之助翁などは、まさに勇者の役割を果たした偉人です。

今までの常識を大きく逸脱し、まったく違った基準や観点があるからこそ、新しい価値を生み出すことができます。

勇者はまだほかの人には見えていない、自分にだけ見えているビジョンを元に、それらを具現化するための能力を高め続けていきます。

ビジョンを具現化するために勇者がすべきことは、ビジョンを伝えるだけでなく、周囲の人たちの話に耳を傾けることです。

普段は伝えていく立場にある勇者が話を聞いてくれると、周囲の人は喜んでさまざまな本音を話してくれます。

周囲の意見を尊重しながら、自分のビジョンと統合していくことができる勇者は、成熟した勇者であると言えます。

周囲の理解や協力がなければ、ビジョンは夢物語で終わってしまうのです。

コミュニティをつくる

ビジョンと新しい価値を創造し続ける勇者の周りには、同じ価値観を持った人たちが集《つど》い始め、共同体であるコミュニティが生まれます。

勇者が直接的に関わることができる人の数は限られていますが、組織文化を育むことによって、自分を含めたコミュニティ内の人々の成長を広く実現することができます。

コミュニティの真の目的は、勇者に対する依存や、集団で集まることで力を大きくすることではなく、ひとりひとりのメンバーが個として自立し、お互いに奉仕し合う関係を通じて相乗効果を生み出していくことにあります。

コミュニティには、「居場所」と「役割」という2つの機能があります。

居場所とは、「あなたはそのままでいい、ただいるだけで価値がある」という母性的なもので、人が安心や安全を感じながら生きていくための土台となります。

役割とは、「あなたには、あなたにしかできないことがある。それを発揮していくために学び合う」という父性的なもので、自己成長や自己変容を促す要素になります。

私はこれからの時代、社会の最小単位が「家族」から、「血縁を超えたコミュニティ」になっていくと考えています。

同じ世界観を共有したコミュニティのなかで、生活全般に必要な物資を調達・循環できる日もそう遠くないのではと思います。

そこで中心的な役割を果たす勇者は、時代の声を聞き、新しい未来をつくっていく大きな役割を担っています。

ワーク 6

1　あなたは、どんなビジョンを、どんな人たちに語りますか？

2　あなたは、どんな新しい価値を創造しますか？

3　あなたがつくりたい理想のコミュニティは、どんなものですか？

勇者の試練

やりたいことを極める

このように魅力的な勇者の道ですが、誰もが進める道ではありません。

- 自分のやりたいことが明確に決まっている
- 自分のワクワクすることがはっきりとしている
- 寝食を忘れて没頭できることがあり、かつ圧倒的なクオリティである
- コミュニケーションが得意（もしくは、圧倒的に不得手で周りが助けてくれる）
- 人を惹《ひ》きつける（人が放っておけない）カリスマ性を持っている

などが、勇者に必要な条件にあげられます。

こうしてみると、やりたいことやワクワクすることを探している段階の人は、まだ挑戦者のステージであることがわかります。

すでにやりたいことが明確で、そのやりたいことで価値を提供し始めている人は駆け出しの勇者であると言えます。

私自身の経験からすると、**やりたいことが明確にある人は全体の2割程度、やりたいことがあるような、ないような曖昧《あいまい》な状態の人が6割程度、やりたいことがない人が2割程度のように感じています**。

特に、すでにやりたいことが明確な人は、幼少期からある程度気持ちが定まっていて、知らず知らずのうちに経験や技術を身につけている場合が多く、大人になってからやりたいことを探す人たちよりも、圧倒的に優位な立場にいます。

そのため、やりたいことを仕事にすると決めて行動し始めると、比較的スムーズに事業化されていき、その道のプロとして活躍していきます。

もちろん、大人になってからやりたいことを探すことも悪いことではないのですが、スタートの時点で出遅れてしまっている可能性が高く、生まれ持った才能があったとしても、努力を積み重ねて才能を開花させていくには時間がかかってしまいます。

この場合、無理に勇者の道を歩むのではなく、まず先に賢者の道を歩むことで経験と能力を身につけてから、勇者として活躍するというのも1つの選択です。

本来、勇者の特性を持っている人も、感情使いの老師として成熟するためには賢者としての側面を学ぶ必要があるからです。

勇者の道も賢者の道も最終的には老師の道へと繋がっているので、両方のエッセンスを取り入れながら歩み続けていきましょう。

勇者の限界を悟る

私自身は勇者の特性が強かったので、挑戦者から勇者の道を進み、ある程度のお金と自由を手にすることができましたが、その途中で予想外の体験をしました。

自分がお金を手にして自由になっても、周りに同じように自由に生きている人が少なかったのです。

自営業をしていると働く時間やライフスタイルを選べるようになり、基本的に平日・土日、朝昼晩関係なく、自由に時間を使えるようになります。

そのため、人の少ない平日の昼間にランチをしたり、その日の思いつきで遠方に出かけることも可能になるのですが、周りの友人たちは平日の日中は仕事で、会うことができるのは平日の夜か土日に限られます。

さらに土日はどこに行っても人が多く、仮に泊まりがけで出かけようとすれば、同じ宿でも休日料金で、費用が余分にかかってしまいます。

仕事もプライベートも充実した人生を送るには自分だけが自由になるのではなく、周りと一緒に豊かになる道を選ばなければ、自分の望んだ豊かさの定義を満たすことができないことに気づいたのです。

自分の成功と自己実現のためにひたすら努力し、成果を出すために奮闘している駆け出しの勇者は、ある程度の成果が出た後に待っている、**自分だけの成功では真の意**

味で自分を幸せにすることができない、ということをまだ知りません。

もちろん人によっては、ひとりで自由な時間を満喫することが好きで、周囲はそこまで関係ないという方もいると思いますので、その方はご自身の道を歩み続けることが、豊かな人生へと繋がる道です。

私自身は、自分の豊かさの定義に気づいた時、**自分の成功を拡大させていく道から、周りと共に豊かになるための道へとシフト**しました。

そのきっかけとなった、1つの印象的な出来事を紹介したいと思います。

私は、2009年3月に大学を卒業し、1年間フリーターをしながら起業の準備をし、2010年4月に独立しました。

ご縁のあったたくさんの方々からご支援いただいたおかげで、独立して3か月後には月20~30万円を稼げるようになり、生計を立てることができるようになりました。

学生の頃から好きなことを仕事にすることを夢見て必死に勉強し、その夢が叶った瞬間でもあったのですが、実はこの時、まったく感動することができなかったのです。

自分でもとても不思議でした。

なぜ感動できないのか?を考えて出した1つの結論は、「稼いでいる額が少ないからだ。もっとお金を稼いだら幸せになれるかもしれない」ということでした。

それからは、毎日寝る間を惜しんでさらに仕事に没頭しました。

「まさに勇者の道の王道」と言える道をひた走り、1年後には月150万円の売上を達成したのです。

ここで、「よし、やった！　ついに目標を達成した！」と感動することができればよかったのですが、その時に自分が感じたことは、「起業家として、お金をモチベーションにするプロセスは終わった」という、至って冷静な気持ちでした。

「150万円稼いでこの気持ちなら、これから先200万円、300万円と稼いでも、お金を基準にしている限り終わりがないんだな……。今のモチベーションを維持し、仕事以外のことを犠牲にした生き方をすることはもうできない」と、これから先も自分が勇者として生き続けることに限界を感じたのです。

従来の起業家であれば、100万円稼いだら次は300万円、300万円稼いだら次は500万円、1000万円、1億円と、稼ぐ金額を増やすことが一般的なセオリーですが、私にはそれは向いていない、と気づくことができたのです。

このことは、その後事業をしていくうえで、大きなターニングポイントとなりました。

「お金持ちになること」と「お金から自由になること」は違うことに気づいたのです。

もともと、自分が起業したのは、

「素晴らしいビジョンや人を思いやるやさしい心を持っていて、未来の子どもたちや地球環境のために頑張っている人ほど、お金に困っている人が多い。どうしたらこの人たちが精神的にも現実的にも豊かに生きることができるのだろう。何が自分にできるだろう」

という動機からでした。

当時を振り返ると、そんな純粋な思いと、その奥に隠していた自分の価値や実力を証明したいという思いが、混在していたのだとわかります。

「素晴らしい活動をしている人がお金に困っている」ということすら限定的なものの見方でしかなく、それは「お金を稼いでいることは正しい、そうでないことは価値がない」という私自身の無意識の自己否定のジャッジメントでした。

そして、何より**「ビジョンや人を思いやる心を持っており、未来の子どもたちや地球環境のために頑張っている人」とは、ほかでもない、私自身だった**のです。

当時はそこまでの気づきがなく、「自分にはお金よりも大切にしたいことがある」という程度の認識でしたが、早い段階で、お金に対して真剣に向き合う機会をいただけたからこそ、お金だけを基準にしない人生の土台をつくれたように思います。

オンリーワンの勇者だからこその自分の盲点に気づく

勇者が事業を成功させるためには、自分にしかない強みを発見し、ほかの人や競合ではなく、自分を選んでもらえるように差別化する必要があります。

勇者は、自分と向き合い続けてきたことで、自分の強みを価値として社会に届ける方法を体得していますが、差別化するだけではまだ不十分です。

事業がある程度安定してくると、次は自分が現場に入らなくても事業を回すことができるように、自由な時間を確保していくプロセスに入るのが一般的ですが、ここで多くの人が苦戦することになります。なぜなら、自分にしかない強みで事業をつくってきた場合、自分が現場を離れられない、というジレンマに陥るからです。


たとえば、カフェをオープンした人が、事業が安定してきたためにオーナーの立場に入り、スタッフに現場を任せてお金と時間の自由を手にしようとします。

ですが、もしそのカフェの差別化要因が「オーナーが独自の手法で淹《い》れた珈琲」だった場合、いくら同じ豆で同じ手法で淹れたとしても、現場のスタッフが同等かそれ以上のクオリティの珈琲を提供できなければ、お客様の足は遠のいてしまいます。

あるいはもっと直接的な理由で、「珈琲を飲みながら、オーナーと話がしたい」という理由でファンができていた場合、さらに現場を離れることが難しくなります。

「自分以外の人に、自分にしかない強みを教える」という教育的な観点を持ったうえで事業に取り組まなければ、勇者はいつまでたっても自由な時間を手にすることはできないのです。

自分以上にその仕事に熱中し、高い能力を発揮できるスタッフを最初から育てることを1つの基準にすることで、事業を安定させながら、現場以外の動きにもオーナーとして取り組んでいける準備が整います。

このような教育的な観点を持たず、自分のワクワクだけを追い求めてしまうと、優秀なスタッフを教育することができず、自分が現場を離れたら徐々に衰退していくことになりかねないので、注意が必要です。

また、スタッフを育て、やっと現場を任せて安心していた矢先にスタッフが仕事を辞めた場合、また現場に戻らなければならない状況も少なくありません。

この事態を防ぐためには、日頃から人間関係を大切にすること、勇者が現場を離れた後も勇者がつくった事業を安定させ続けることができる仕組み（たとえば、リピート商品の用意、定期的にお客様と接点を取り続ける機会を設ける、勇者の活動を伝え続けるなど）を準備することと、教育者としての老師の視点を早めに持ち、人材教育に着手することがおすすめです。

ワーク 7

1 あなたが、小さい頃から自然とできたことや、今までで一番お金や時間をかけてきたことはどんなことですか？

2 あなたは、何のために、勇者の道を歩みますか？

3 どうすれば自由な時間を確保しながら、事業を継続・発展させつづけることができますか？

本物の勇者であり続けるために

人間関係を大切にする

勇者として生きる人は役割も大きく、周囲の人の期待を背負って生きることになるため、周りには言えない孤独や葛藤《かっとう》を抱えることになります。

頑張れば頑張るほど能力も向上し、成果や結果も出ます。

その一方で、お金を稼げば自由になるはずが、逆に同じだけの葛藤や恐れを抱えるようになり、さまざまな制限と向き合っていくことになります。

こうしたプロセスにおいて自分や他者と向き合い、自我を統合することができた勇者は老師への道を歩み始めるのですが、自我の影響を強く受け、自己実現中心で生きる勇者は自分こそが正解だと思い込み、徐々に傲慢《ごうまん》になってしまう傾向があります。

勇者が直面する課題のなかで最も大きなものが、勇者自身の感情の未整理から生じる人間関係の問題です。

勇者の活動が停滞する原因の多くが、**お金の問題に見えて、実は人間関係**（特に同じチームやコミュニティ、身近な家族や友人関係）にあります。

お金の損失は勇者の能力で何度でも取り返すことができますが、**人間関係の損失は、勇者の自我中心の生き方が終わらない限り、何度も同じテーマに向き合うことになります。**

たとえば、チーム内にいつも問題を起こす人がいて、どれだけ向き合っても状況が改善されず、止《や》むを得ずその人を解雇したとします。すると、しばらくしてまた同じような人が入ってきたり、もともといたメンバーが不調をきたすなど、問題を起こす人がいた時と同じような状況に繰り返し陥るのです。

これは、勇者がビジョンの実現や売上に意識を向けすぎるあまり、本来感謝すべき人たちに感謝できておらず、大切なものを見落としている時によく起きるケースです。

本当にお金を大切にする人は、身近な人を大切にします。

多くの人にとって身近な人とは家族です。

特に両親と良好な関係を築くことができている人は、両親からの愛という絶対的な安心を体験しているため、人間関係をつくる力が幼少期から育まれています。

ですが、何らかの理由で人間関係を築く力が育っていないと、お金や実力、正論や社会的評価によって自分や人を判断してしまう傾向があるため、孤独や恐れを心の奥に隠したまま勇者になってしまいます。

孤独や恐れは悪いものではないのですが、自我と孤独、自我と恐れがセットになると、自分の思い込みが、「ドラマ」と呼ばれる、過去の思い込みによる人間関係の問題を生み出してしまうので注意が必要です。

勇者はいつでも周りの人たちから愛されていて、勇者自身も、周りの人たちのことを心から愛しているということに気づき、安心していくことが大切なのです。

動機が自我（エゴ）になっていないか

勇者の爆発的な行動力やビジョンに人を巻き込む力は、勇者の特性の1つですが、勇者のエネルギーの源（動機）が、自我（エゴ）になってしまう場合があります。

見返してやる、認めさせてやる、自分の正しさを証明してやるという自我が動機になった行動は、他者との分離を生み、その度に争いを起こして、それに挑んで勝つ、というパターンに陥ります。

自我は、一時的な結果を出す時や、今まで隠していた思いを解放する時などには有効な力ですが、長期的な成功には結びつきません。

そのため、勇者の道を歩むには、自我について深く理解していく必要があります。

ちなみに、自我を動機に行動した結果としては、大きく2つのパターンがあります。

1つは、自我の力で限界を超えるまで事業拡大し、あるタイミングで崩壊するパターン。もう1つは、自我の声に従って自分のさまざまな欲求を満たすために動き、欲求を満たし切ると、頑張る気力が湧いてこなくなるパターンです。

前者の場合、事業の拡大という目に見える現実では成果は出ているのですが、組織内に人間関係の不調和や感情や本音の抑圧などが生じているケースが多く、その小さなサインに目を向けずに進んでしまうと、組織のリセットや思わぬアクシデントが起きてしまいます。

後者の場合、自我を満たし尽くした後に新しいエネルギーの源（動機）を見つけることができればよいのですが、それができない場合、事業がうまくいっているのに鬱《うつ》っぽくなってしまったり、集中力散漫になって仕事に意識が向かず、やる気が出ない状態が続いてしまいます。

その他、勇者の動機が自我になっている場合に直面するケースを紹介しておきます。

- 一定の成功はしたが、その後伸び悩んでいる
- 組織内の人の入れ替わりが激しい

- 革新的なアイデアが採用されにくい
- ワンマンやトップダウン式の組織構造に限界を感じている
- 人間関係のトラブルが続き、組織全体が精神的に追い込まれている
- 勇者にとって身近な人に、体調不良が続いたり、精神疾患が生じる

これらの原因は、スタッフや組織ではなく、**勇者自身の動機にあります**。

勇者を目指す人は、幼少期に孤独を感じた経験や、愛されなかった、理解してもらえなかった、受け入れてもらえなかった、といった一種の「分離」を経験していることがあります。

そして、「そんな思いを自分も二度としたくないし、ほかの誰かにもさせたくない」「だから自分がそれを変えるのだ」と奮闘するのですが、**自分が癒されていない状態で何かを始めても、必ずその原体験である孤独や否定、批判を追体験する**ようになっています。

たとえば、「悩んでいる人を元気にしたい」「ひとりで寂しい思いをしている人に寄

り添いたい」「人には可能性があるということを伝えたい」などの思いを持ち、人のサポートをすることは素晴らしいことなのですが、動機を深く観察すると、相手のためにしているようで、**実は相手を癒すことで自分が癒されている**ということが起きています。

人はお互いに癒し、癒される存在であるため、自分の問題を隠し持ち、あたかも「自分はその問題を乗り越えた」と思っている勇者に真の癒しを与えるのが、「問題を持っていて、助けなければならない」と思われている人たちなのです。

勇者は**目の前の人を通じて、自分が本当に欲しかった感情や愛に気づき、「自分のため」という動機から「相手のため」という動機にシフトすることで、本物の勇者としてあり続けることができます**。

結局、お金を得るということは表面的な動機であって、**勇者自身の癒しのために勇者の道を歩んでいる**ことを勇者自身が自覚しない限り、周りの人間関係を巻き込んだ勇者のドラマは続いていきます。

定期的に、自分の動機を見つめる機会を持ちましょう。

必要な気づきが起きればこのドラマから抜け出すことができますが、そのためには、勇者のことを勇者以上に理解している賢者の存在が必要なのです。

賢者を信頼し、関係性のつくり方を学ぶ

コミュニケーション上手に思われる勇者ですが、実は「これだけ頑張ってきたんだから、そろそろ無条件に自分を愛して欲しい」「もう頑張れない」といった隠された思いを持っていることがあります。

自分の心の内を打ち明けることが苦手なため、心の奥底では誰にも理解されないと思っている領域を隠し持っており、周りが寄り添おうとしても、うまく打ち解けずにいるのです。

孤独や悲しみは、誰かに受け入れてもらうと癒すことができるのですが、勇者の自我や孤独は並大抵の覚悟では受け止めることが難しく、時として、勇者自ら癒しの

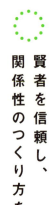

チャンスに反発してしまうこともあるほどです。**勇者が周りのやさしさを受け入れない結果、周りの人が離れていってしまい、さらに孤独が深まる**という悪循環に陥っている場合が多々見受けられます。

そんな勇者の孤独を受け止めることができるのが、賢さと謙虚さを持ち合わせた存在として、勇者を支える賢者です。

活躍している勇者の側には必ず賢者の存在があります。

賢者は、勇者ほど目立つ存在ではありませんが、勇者が気づかない細部まで配慮しサポートする、組織の要《かなめ》とも言える貴重な存在です。

あなたを真の勇者にしてくれる賢者の存在の大きさに気づき、賢者を信頼して関係性のつくり方を学ぶことで、勇者が一番欲していた、自分の孤独や不安を理解してくれる存在を得ることができます。

勇者に必要なのは前に進む勇気以上に、過去を振り返り、時には自分の過ちを認め、自分を支えてくれる人たちに感謝をすることです。

成熟した勇者であれば、自分に共感してくれる人たちだけでなく、自分に対して否定や批判をしてくる人たちにも感謝できる器を持っています。

「自分を否定してくれる人たちがいるから、これからも謙虚に感謝し続けることができる」という境地まで至ることができていれば、すでに老師としての道を歩み始めていることになります。

賢者が勇者の意図を理解していなかったり、賢者がよかれと思って発言した言葉やアドバイスが、勇者にとっては居心地の悪いものである場合もありますが、賢者との関係性は長期的につくっていくものなので、お互いを尊重しながら、丁寧に関係性を築いていきましょう。

そうすれば賢者は勇者のよき理解者として、人生を通じて勇者の活躍を支えてくれます。

あなたがすでに勇者として成功しているとしても、ひとりで勇者になったわけではありません。

必ずあなたを支え続けてきてくれた存在がいることに、感謝の気持ちを忘れないでください。

ワーク
8

1 ― 自分にはどんな感情の未整理があると思いますか？

2 ― あなたは、普段どんな動機で活動していると思いますか？

3 ― あなたを支えてくれている人たちは誰ですか？　その人たちとの人間関係をさらに大切にするために、あなたにできることは何ですか？

第3章

賢者の道

賢者の道

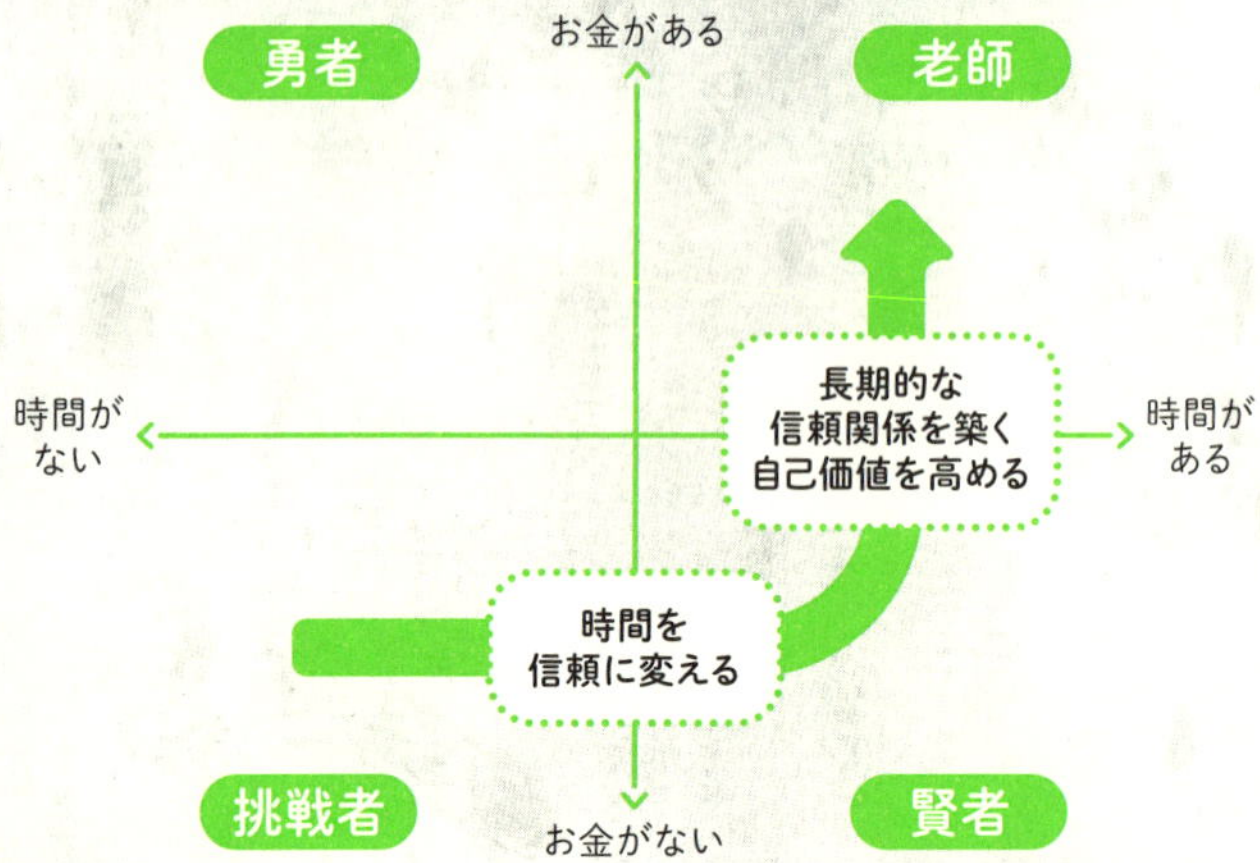

賢者の道

関係性を大切にし
時間を信頼に変えて
人々に貢献していく

メリット

- できることから始めるため、リスクが少ない
- 他の仕事をしながらでも、歩むことができる
- 長期的かつ良好な人間関係をつくるこができる
- 自分にはできないことも、チームの力を結集して、大きな成果を生み出すことができる

デメリット

- 専門性を持っていなければ、単にいい人で終わってしまう
- 自分の能力を認め、必要としてくれる存在が必要。セルフプロデュースが苦手
- お金を稼げるようになるまで、時間がかかる傾向があり、途中で停滞しやすい
- 謙虚さと素直さがないと、自分の才能を活かすことができない

賢者の特徴

仲間の可能性を信じ、献身的に支えていく陰の立役者的存在

勇者の道が、自分の才能やカリスマ性を活かし、ビジョンを語ることで人々を導いていくのに対して、**賢者は知恵と謙虚さによって、人や組織の関係性を育んでいく存在**です。

勇者のような派手さはなかったとしても、堅実に1つ1つの事柄を丁寧にこなしていく姿は周囲からの信頼を集め、「あの人は信頼できる人だ」という評価を得ていきます。

自分のやりたいことを追い求めるのではなく、相手が必要としていることや、困っていることに対して力になりたいというやさしさを持っている人は、賢者の素質を

持っています。

今の自分にできることは何かを考え、相手に寄り添っていくことで成果を生み出していく賢者は、ひとりで何かをするよりも、仲間とお互いの才能を活かすことができる環境において、活躍することができます。

賢者は時間を信頼に変える

勇者が自分の時間をお金に変えていくのに対して、賢者は、時間を信頼に変えていきます。


勇者のように自分で独立して事業を行うのではなく、すでに事業を行っている人や、これから事業を始めようとしている駆け出しの勇者を支えることで信頼関係を築き、事業収入を得ていきます。

自分の持っている価値を直接お金に変える勇者とは違い、自分の価値を必要としてくれる人たちとの関係性からお金を生み出し、信頼関係をつくるために時間を投資していきます。

賢者の道は、自分で事業を起こすよりも事業をサポートする立場になることが多く、サラリーマンやOLを続けながらでも歩むことができます。働きながら賢者としての経験を積んでおくと、クライアントや市場のニーズに気づく感性や、事業を行うとはどういうことなのかを経験することができます。

これらの観点からすると、賢者の道は勇者の道よりもリスクが低く、長期的に見れば、自分の能力を磨きながら人間関係を構築していく貴重な期間とも言えます。

すでにやりたいことが明確で、経験も充分に積んでいる人は勇者の道を歩み始めても構いませんが、まだ自分が準備段階で、勇者のような生き方が難しいと思う人には、賢者の道もあることをお伝えしたいと思います。

自分の感情に左右されることなく、周りからの期待に応《こた》えることに喜びを感じ、自分の能力を高めていく生き方が賢者の道の真髄であり、**大切な人たちと人生を共に歩み続ける道のりが挑戦者を賢者へと成長させていきます**。

信頼をつくる鍵は、人格と能力

「信頼される人間になるにはどうすればよいか」については、書籍『スピード・オブ・トラスト――「信頼」がスピードを上げ、コストを下げ、組織の影響力を最大化する』（スティーブン・M・R・コヴィーら著／キングベアー出版）の信頼の定義が、私にインスピレーションを与えてくれました。

その定義とは、

信頼＝人格×能力

というものです。

例をあげて説明していきましょう。

もし、あなたの大切な人が病気になり、緊急の手術が必要になったとします。

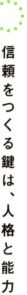

あなたなら、次のどちらの医者にお願いするでしょうか。

A
親身になって相談に乗ってくれる人格者だが、手術をすると10人中9人失敗する医者

B
親身になって話を聞いてくれず冷たい態度だが、手術をすると10人中10人成功する医者

この例では、すべての方がBの医師にお願いするでしょう。
どんなに人格的に優れていても、能力が伴わなければ真の信頼を得ることはできない、ということがわかります。

特に、重要な局面や大きなお金が動く時ほど能力の高さを求められるため、能力の向上を怠ってしまうと、せっかくのチャンスをつかむことができなくなります。

極端なことを言えば、勇者は人格だけでも成功できる可能性があります。

圧倒的に優れた人格やカリスマ性があれば、自分以上に実力がある人たちをチームに引き入れ、リーダーシップを発揮することでその人たちに実働を任せ、成果を生み出すことができるのです。

鉄鋼王のアンドリュー・カーネギーや、フォード自動車の創業者であるヘンリー・フォードなどは、常に自分よりも優秀な専門家を抱えていました。

一方賢者は、人格はもちろんのこと、能力を重視して自分を育てていくことで、重要な局面で必要とされる存在になっていきます。

三国志で有名な天才軍師、諸葛亮孔明《しょかつりょうこうめい》は、20代の大半を晴耕雨読の生活を送りながら知恵と見識を蓄え、のちに劉備《りゅうび》に仕えて大活躍することになります。

大切なのは、勇者の道と賢者の道のどちらが正しいかではなく、自分の特性にあった道を歩むことです。

勇者は主に人格を磨くこと、賢者は主に能力を高めることで、自分の価値を高め、信頼を積み上げていきますが、最終的には、両方を兼ね備えた老師となることが本書のゴールです。

賢者は何をするかではなく、誰とするか

勇者は周りから頼まれることがあったとしても、嫌なことは嫌だと断り、自分の道を歩む意志の強さが求められますが、賢者は謙虚な姿勢で、常に感謝をしながら、頼まれごとに応えていきます。

賢者は仕事を選ぶ時に、「その仕事がやりたいか、やりたくないか」「ワクワクするか、しないか」を基準にはしません。

周囲の期待やいただいた仕事に対して、「させていただく」という気持ちで経験を積み能力を向上させていくことで、周囲から必要とされる存在になっていきます。

そのためひとりで活動するよりも、チームや組織に属しながら自分の専門分野を極めていくことが、賢者には適しています。

このような賢者が、自分の才能を最大限に発揮する秘訣《ひけつ》は、

- 誰のために生きるのか？
- 誰と共に生きるのか？

を明確にすることにあります。

「関わっている会社やチームに貢献できているだろうか」「今、関わっているリーダーを世に送り出せば、自分も周りも社会も望む、理想の未来に近づくだろうか」「今の環境で、自分を最大限活かすにはどうすればよいか」について考えることです。

仮に、今の会社やチームに不満があったとしても、あなたが賢者としての自覚を持てば、あなたから始まるプラスの力が組織に作用していきます。

賢者は直接的に価値を生み出すよりも、価値を生み出す人をサポートすることで、自分と相手の価値を掛け合わせてお金を手にしていくことに長《た》けています。

賢者として活躍するためには、どんな人（勇者）に必要とされたいのかを明確にし、その人たちに必要とされるためには、どんな能力を身につけていくのかを決める必要があります。

賢者の道の始まりの多くは、何を頼まれても、ある程度対応できる基本的なスキルを身につけることとです。

そして、関わる人や事業が大きくなるにつれて、**たった1つの圧倒的な専門性を極めていく**ことによって、これまでの信頼関係をベースにチームにとって不可欠な存在になるのです。

勇者がいなくても、賢者として事業をつくる方法

賢者にとっての王道は、生涯を通じて関わりたいと思える勇者と共に事業を行うことです。

ですがここで、勇者の事業を応援するのではなく、クライアントを勇者として見立

てて、賢者として事業をつくる方法についてもお話ししておきましょう。

勇者は自分のやりたいことを仕事にするため、自分の持っている価値を世界に広げていくことでお金を得ていきます。

これは、ファンをつくることのプロセスに近く、まず相手に知ってもらい、興味を持ってもらい、体験してもらい、ファンになってもらうという、一般的なマーケティングプロセスに基づいています。

一方で賢者は、関わっていきたい人たちのニーズに気づき、応えるための事業を展開していくことになります。

ニーズとは究極的に、「悩みの解決」か「望みの実現」のどちらかになります。

ニーズを把握できていないと賢者としての事業を起こすことができないので、さまざまな人との関わりのなかから、相性がよく、自分の才能で貢献ができる人と出会うことが、賢者スタイルの事業をつくる1歩目です。

なぜニーズにこだわるかというと、**才能から生み出される価値というのは絶対的な**

ものではなく、相対的なものだからです。

たとえば、あなたがとても美味しいフランスパンをつくる才能を持っているとしても、目の前の人がおむすびを求めていたら、あなたのつくるフランスパンは本来の価値を評価されにくくなります。

もし勇者であれば、おむすびを求めている相手に対して、臆《おく》することなく自分のフランスパンをすすめる豪胆さを持っていますが、賢者は、今の自分がつくることができる最も美味しいおむすびを提供することで、相手の期待に応えていきます。

そして、次に会うまでに、さらに美味しいおむすびのつくり方を研究しておくのです。

では、具体的な賢者の事業のつくり方について、説明していきます。

事業をつくることに関してのマーケティングや経営知識がなくても、事業を始めることができる基本を押さえていますので、何度も読み返しながら理解を深めていきましょう。

1

誰のために生きていきたいのか、
誰と共に生きていきたいのかをリストアップする。

2

リストのなかから、今、特に関わりたいと思う数名を選び、
その人たちが悩んでいることや、実現したいと思っていることを書き出す。
わからなければ、実際にヒアリングを行う。

3

今の自分が、その人たちに対してできることをリストアップし、
その人たちに仕事として提案できるような資料をつくる。
最初はどんな不恰好《ぶかっこう》なものでも構わない。提案をすることが重要。
もし、この時点で今の自分にできることがないのであれば、
どんな能力を身につけていくのかを決めて、取り組み始める。

4

資料を見せながら、何かお手伝いできることがないかを聞いてみる。もし必要としてもらえるのであれば、モニター価格（相手にも自分にも負担がないお試し価格）で提供させていただく。もし、必要ないと言われた場合は、その理由と、どんなものであればお手伝いできるのか、何を必要としているのかをヒアリングし、「ぜひあなたにお願いしたい」と言ってもらえるものができるまで、改善を加えていく。

5

実際にモニター価格で提供できた場合、その時の自分の気持ちや実感、今後の対策などを書き留めておく。また、アンケートを実施し、相手の満足度や今後の期待することなどを把握し、長期的な関係を築けるように改善を続けていく。

これらもあくまで考え方の1つですが、リスクが低く、かつ堅実に経験値を積んでいくことができるステップなので、事業を始めてみたいという方はぜひ取り組んでみてください。

この段階では、経験値を積みながら、相手の情報やニーズを知り、能力を向上させることが目的なので、儲《もう》かるか儲からないかは重要ではありません。

どんなことが自分に求められていて、自分が応えようとした時にどんな気持ちになるのか、実際の満足度はどうかを見極めることのほうが、目先の金銭を得ることよりも将来的に大きな価値として返ってきます。

雇用形態の関係で副業が禁止になっている方は、お金をもらわずにこのプロセスを体験するのも1つの方法です。

将来的に仕事を辞めて事業を始めることになった時に、この時の経験が活かされ、あなたの独立を応援してくれる人も出てくるかもしれません。

また、事業を始めることや事業を継続していくことの大変さを知り、勇者が抱えるプレッシャーや不安を体験することで、勇者に対し寛容さを持てるようになります。

勇者や賢者、どんな役割であったとしても、あなたを待っている人がいます。**その人たちと出会う鍵になるのが、あなたの才能です。才能は自分のためではなく、誰かのために生まれ持ってきているものなのです。**

そのため、**才能を発揮すればするほど、必要な出会いが生まれ、賢者は勇者と、勇者は賢者と、そして共に生きる仲間たちと出会うようになっていきます。**

ワクワクすることをやるだけでは、豊かになれない

「やりたいこと探し」や「自分探し」という言葉が流行《はや》り、これまで我慢しながら生きてきた人たちがその言葉に感化されて、新しい自分を探し始めることが一般的になりました。

けれども、「やりたいこと」や「自分」とは、簡単に見つかるものではありません。

見つかったとしても、やりたいことで生計を立てていくには、見つける以上に大変

なプロセスが待っていることに、仕事を辞めてから気づく人たちが多くいます。

そもそも、やりたいことを仕事にするのは、自分のためではなく、自分の価値を必要としてくれている人たちのためだという気持ちがなければ、長続きしません。

私はカウンセリングだけでなく、これまでに起業支援のスクール運営や経営コンサルティングの仕事もしてきましたので、好きなことを仕事にすることに憧《あこが》れる人たちの相談もたくさん受けてきました。

具体的な計画を持っている方もいましたが、夢物語を描いている方も多く、好きなことに関する話をしている時はワクワクしているのですが、具体的な計画や戦略、数字の話になると急に静かになって、「わかりません」「自信がありません」「苦手なので気が進みません」という言葉を口にするので、驚くことも少なくありませんでした。

「今の仕事が嫌だから、好きなことを仕事にしたい」という方は、特にその傾向が強く、否定的な気持ちを自分や会社に感じていたり、今が苦しいから楽になりたい、という自己中心的な気持ちを動機にしている場合は、どれだけ素晴らしい才能を持っていたとしても、結果的に伸び悩んでいました。

生活基盤が整っているうえで、今の仕事を続けながらやりたいことを探すのであればそこまでのリスクはありませんが、今の仕事を辞めたいと思っており、仕事を辞めると生活基盤が崩れてしまう人にとっては、「ワクワクすることをすれば、うまくいく」という言葉は救いであると同時に、迷いの原因にもなります。

やりたいことがまだ明確ではなく、現状に満足できずに苦しんでいるのであれば、いきなり仕事を辞めて自分探しをするのではなく、**今の自分にできることを明確にし、ご縁のある人に貢献することから始める**ことをおすすめします。

賢者の道を歩むには、**まず自分を必要としてくれる人と出会うこと、そして、今の自分に求められていることに気づき、その期待に応えるために才能を磨いていく**必要があります。

その道のりでは時として、やりたいことではなかったり、苦手なことに取り組まなければいけない瞬間も出てきますが、自分の能力や経験値を堅実に高めていくことによって、信頼という成果を手にしていくことができます。

そして、信頼が積み上がった状態に実力も伴ってくれば、自然と仕事の依頼も増えていきます。

私は、すべての人が勇者の道を目指す必要はないと考えています。

多くの人は挑戦者からスタートし、お金を稼ぐために勇者の道を目指そうとしますが、相手を思いやり、依頼されたことに真摯《しんし》に取り組み、期待を超えた仕事ができる日本人の気質から考えても、賢者の道が特性に合っている人が多いと考えています。

賢者の道はすぐにお金が入ってくる道ではありませんが、長期的な関係性を育むことで、安定的にお金を得ることができる道です。

ワーク
9

1 ― 今のあなたができること、周りから求められることは何ですか？
2 ― あなたは、どんな人と、どんな関係を育みながら、生きていきたいですか？
3 ― あなたは、今ご縁がある人のなかで、誰に、どんな貢献ができますか？

賢者の役割

ビジョンを見守る

勇者の武器が勇気であれば、賢者の武器は賢さです。

賢者は常に周りを俯瞰《ふかん》し、今何が求められていて、それに応えるためにはどんな準備をすればいいのかを考えます。

もし、自分だけでニーズに応えることが難しければ、誰に頼めば解決策を導き出せるのかを考え、勇者やチーム全体が安心して活動できるように組織の内外をうまく繋げていく、「調整役」の役割も果たします。

賢者が日々の勉強を欠かさず努力を惜しまないのは、大切な人たちのためであり、信頼する勇者を真の勇者として活躍させるためでもあります。

自分が脚光を浴びることは少なくても、組織のなかで頼りにされ、人に必要とされることに喜びを感じることで、賢者はさらに成長していきます。

賢者は人と関わる機会が多いので、人の本質を見抜く目利きになります。

勇者は自分の言ってくれることに共感し、肯定してくれる人を好きになり、そばに置きたがる傾向があるため、事業が拡大すると急にチームに人を増やそうとすることがあります。

タイミングを見計らうのが苦手で、思いつきで動く勇者の行動は、チームにとってはいい刺激であるとともに、時に組織に混乱を招く原因にもなります。

ここで賢者は、勇者の気持ちに寄り添いながらも、適切なタイミングや人選を見計らい、もともと頑張ってくれていたメンバーと新しいメンバーの橋渡し役をすることで、チームやコミュニティを整えていきます。

ビジョンを持つ勇者と、勇者が取りこぼしている大切なものを拾いながらケアしていく賢者が生み出す相乗効果は、周囲の尊敬と信頼に繋がります。

好き嫌いを超えて、長期的な信頼関係を築く

相手が欲しているものに気づき提供できる賢者になるためには、**「個人的な好き嫌いを超えていくこと」と、「目先のメリットを手放す」という2つの関門があります。**

賢者は、勇者との関係性を通じて成果を生み出していくため、ひとりではなくふたり以上で生きることになります。

そのため、個人の好き嫌いで判断していくと、せっかく積み上げてきた信頼関係が成果を生み出す前に壊れてしまう恐れがあります。

また、賢者が自分で事業をしようとした場合、勇者ほどのスピード感は出ず、時間をかけて関係性をつくる必要があるので、独立してしばらくするとお金に困ってしまい、また挑戦者（雇用）の状態に戻らざるを得ないケースも少なくありません。

賢者は、自分のためにも勇者のためにも、まず与えることで相手を豊かにし、与えた後に自分が受けとる、という長期的な展望で関係性を築いていきます。

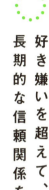

ちなみに、賢者タイプの人が勇者を参考に独立しても、特性が違うので同じ成果を出しづらく、持っている素質を活かしきれないことがあります。第1章でもお伝えしましたが、世の中で目立っている成功者と呼ばれる人たちは勇者タイプが多いため、賢者タイプの成功者を参考にする必要があります。

私が好きな賢者は、井深大《いぶかまさる》氏と共にソニーを創業した盛田昭夫氏、芸術家の岡本太郎氏を支えた岡本敏子氏です。

どんなことも、まずは試してみること。勇者との長期的な信頼関係を築き続けることを軸に置くこと。そうすることで、ひとりでは気づくことができなかった、新たな知恵や経験、深い見識を身につけることができます。

コミュニティを育む

勇者はコミュニティをつくりますが、賢者はコミュニティを育みます。

活躍する勇者の周りには、勇者にさまざまな期待を持って集まる人たちが増えていきますが、勇者の力だけではコミュニティを育てることができません。

勇者が0から1、無から有をつくるのに対して、賢者は1を10にも100にもする力を持っています。

賢者の持つ力は、賢者を必要としてくれる人たちによって引き出されていくため、コミュニティを育むことが賢者にとっても自分を成長させ、成果を生み出すことに繋がります。

賢者は、勇者やコミュニティのメンバーを見守りながら、そこにいる人たちがどうしたら豊かになれるのかを考えます。

問題や争いが発生した場合でも、信頼関係を大切にしてきた賢者がいることで、問題すらコミュニティを育む機会となっていきます。

もしコミュニティに勇者しかいなければ、組織のなかのちょっとしたズレが原因でメンバーが離れ、コミュニティが崩壊する危険性があります。

人と人が信頼し、理解し合うことの大切さを知っている賢者だからこそ、勇者とは違う役割で多くの人の居場所を守ることができます。

ただ、賢者のコミュニティに対する貢献は、直接的というよりも間接的な要素が大きいため、売上などの具体的な成果にどの程度影響したか測定が難しく、勇者が賢者の存在価値を理解できない場合、ぞんざいに扱われてしまうことがあります。

賢者の人間関係を育む地道な活動こそが、勇者の基本的な活動を支える土台となっていることに勇者が気づかない場合、賢者はコミュニティや勇者に対して愛を注ぎ続けることができなくなり、結果的にコミュニティは崩壊してしまいます。

豊かなコミュニティを育むには、勇者の父性と賢者の母性の両方が必要なのです。

ワーク 10

1 ― あなたは、勇者のビジョンを実現するには、何が必要だと思いますか？

2 ― あなたは、勇者と長期的な信頼関係を築くには、何が大切だと思いますか？

3 ― あなたは、今のコミュニティの課題や、よりよくなるための取り組みにはどんなものがあると思いますか？

賢者の試練

受けとることで、自己価値を高める

自己価値に関する勇者のテーマは自分で自分を認めることですが、**賢者のテーマは、他者からの承認によって自分を認めること**です。

賢者は、「勇者やほかの人を信頼することによって自分に信頼が返ってくる」ことを通して、自己価値を受けとっていきます。

もし、自分の価値を高めたいと思っているのであれば、賢者としての才能や役割を徹底的に褒めて認めてくれる成熟した勇者と活動を共にすることが、賢者としてのレベルを上げていくための最短ルートです。

賢者は自己主張が苦手なために、自分の頑張りを自分が望む形で認めてもらえず、

自分はいつも損をする役回りにいるのではないか、自分は役に立てていないのではないかという不安や自己否定にかられやすいのです。

私がコンサルタントとして仕事をする時は、賢者としての役割を担うのですが、コンサルティングの仕事を始めた当時は、勇者（クライアント）から頼まれることに応えるのに必死で、自分の意見や考えを主張できずにいました。

その結果、思うような成果を残すことができずに、さらに自己否定が強くなるという経験をしました。

勇者のほうが立場が強いとしても、**対等な立場として接していかなければお互いの望む結果を得ることはできません**。そのことを学んだ後は自己主張もできるようになり、勇者の力になれる賢者として、自己価値を高めることができました。

勇者や周囲の人は、賢者に対する感謝を忘れないようにすることで、自己否定の悪循環にはまりがちな賢者の真の力を発揮させることができます。

また賢者も、自分の気持ちを素直に勇者に打ち明けることで、勇者のやさしさや信頼を主体的に受けとりにいく姿勢が大切です。

ひとりで問題を抱え込まない

賢者の特徴の1つに、自分で自分を認められないということがあります。

これは、人間関係を通じて自分の価値を高めていく賢者が、「**誰から認められたいのか**」という問いに明確な答えを出せていないために、賢者としての真価を発揮できていないことが原因です。

賢者は、他者から褒められ、承認されることによって成長していくため、誰から認められたいのか、誰の力になりたいのかを自覚することが、自己価値を高めていく最初のきっかけになります。

充分な評価を受けていないと感じる場合は、**自分自身が必要以上にいろいろなことを抱え込んでいないか**を確認してみましょう。

賢者は自分が真剣に悩んでいることを周りの人が気にしていなかったり、非協力的だと感じると、「自分は大切にされていない」と錯覚する傾向があります。

貢献心の強い賢者は、周囲の理解が得ることができないと、「自分はこんなに考えているのに、なぜ周りはそうでないんだ」とひとりで抱え込み、自分の世界に入り込んでしまいます。

賢者が自己価値を受けとり、高めていくためには、本音で周囲の人たちと話すこと、そして自分の話を聞いてもらう機会を定期的につくることが大切です。

自分の才能は自分のためではなく、大切な人たちのためにあると理解すること。

褒められるのが苦手な時も、「自分が褒められているのではなく、自分を通じて周囲の人たちが褒められているのだ」と受けとる領域を広げると、人としての器が大きくなります。

評価されることが苦手でありながら、評価を受けとることで価値を高めていく矛盾に気づき、本音で対話をすることを通じて自己受容感を積み上げていきましょう。

勇者に対する投影を終わらせる

これだけ献身的に生きようとする賢者ですが、自己否定感を強く持ったままで賢者として生きていると、本来、大切にしたい勇者に対して、徐々に不信や不満を感じてしまうようになります。

これは**「投影」と呼ばれるもので、自分のなかにある恐れの感情を、他者に映して表面化させ、自分の恐れと向き合うためのドラマをつくり出すこと**です。

相手に対して不満や不信を感じたとしても、相手に原因があるわけではありません。**相手の言動を通じて、自我が表に出てこようとしている**のです。

たとえば賢者が「自分が頑張っても、いいところは勇者が持っていってしまう」と感じたとしても、投影のドラマを外側から俯瞰すると「賢者自身が賞賛されたり、認められることに恐れがあり、それを拒否しているから勇者が代わりに受けとってくれている」という見方をすることができます。

投影の事例を、端的に示すと次のようになります。

例

- 勇者は、私を尊重してくれない
 ↓（賢者である私が、私を尊重していない）
- いつになったら、勇者は大切なことに気づくのだろう
 ↓（いつになったら、私は大切なことに気づくことができるのだろう）
- どうせ勇者は私のことなんて、大切に思っていない
 ↓（私は、私のことを大切に思っていない、できていない）

自分が自分に対して隠し持っている感情を、関係が近い相手を鏡にして映し出し、問題の原因を相手のせいにして責めてしまう行為が、投影です。

勇者を支えるため、人格と能力を磨いてきたはずの賢者が、素直さを忘れてしまうと、このような投影をして勇者や周りの人を責めてしまうことがあるのです。

ここでのポイントは、**勇者が一緒に仕事をすることを通じて、賢者が本当に欲しかったものに気づく機会を提供してくれていると賢者が気づくこと**です。

勇者が「自分のことは自分で幸せにする、欲しい感情は自ら取りに行く」という姿勢であるのに対し、賢者は「相手の幸せを通して自分も幸せになる、欲しい感情は、いつも誰かとの関係のなかで与えられている」という姿勢であることからも、両者の違いは明らかです。

お互いの違いを理解し合うことによって、尊重し合い、対等な立場で付き合っていくことができれば、賢者は、勇者に感じる違和感や投影を終わらせることができます。

この投影の仕組みを理解しなければ、努力を共にし、いよいよお金を手にすることができる、という段階になってトラブルになってしまいます。特に収益が大きくなればなるほど投影の影響を受け、相手のことを思いやることができないやりとりが起きやすくなり、結果的にお金を生み出すための相互の関係性が崩壊してしまいます。

人は無意識に、自分が一番欲しいものを相手に与えることで、それを得ようとする

習性を持っています。

勇者は人を導き、行動することによって、自分以上に行動してくれる人やリーダーをつくろうとし、賢者は人を支え、信頼することで、自分のことを信頼してくれる人やチームをつくろうとしているのです。

これらのことを勇者、賢者が共に理解していないと、「自分はどうなったとしても勇者を立てる」という気持ちで動き始めた賢者も「私の気持ちを全然理解してくれない」という否定が強くなり、さらなる自己価値の低下と関係性の破綻《はたん》に繋がります。

賢者と勇者がお互いに理解し合うには、主張し合うことではなく、違いを認め、尊敬し合える関係を築くことです。

ワーク
11

1　あなたは、自分の気持ちを素直に打ち明け、周囲からの評価や承認を受けとっていますか？

2　あなたは、ひとりで問題を抱え込まず、仲間と分かち合うことで成長や絆《きずな》を深める機会にしていますか？

3　あなたは、勇者に対する投影の奥にある、自分の本音に気づいていますか？

本物の賢者であり続けるために

さまざまなタイプの勇者と出会う

賢者として生きていくためには、自分の才能を必要とし、活かしてくれる勇者との出会いが必要になります。

勇者が仕事をつくり、賢者がその仕事に関わっていくことで、相乗効果を生み出し、チーム全体の方向性と団結力を高めていきます。

そのため、どんな勇者と生きていくのかを見定めることは、賢者にとって最重要事項です。

「誰のために生きていくのか」を明確にすることは、「誰を真の勇者にするのか」という問いと同じです。

「この人は、今はまだ世に出ていないけれど、これから先の世の中で必要とされる人になる。この人なら、地位や名声を手に入れても自分を見失うこともなく、支えてくれた人たちに感謝する気持ちを忘れない本物の勇者になる」

このように信頼することのできる勇者、もしくは勇者を目指している挑戦者を支えることによって、賢者自身も経験と知恵を身につけ、勇者と共に成長していきます。

もし、勇者として応援する人を見誤ってしまった場合、どれだけ努力しても報われず、勇者が脚光を浴びるなかで、賢者が貢献したい一心で動き続けても、最終的に時間や気持ちの余裕がなくなっていく状態に陥っていきます。

真の勇者と出会うためには、さまざまなタイプの勇者と接してみることです。

100％完璧《かんぺき》な人はいませんし、相性やタイミングもあります。

誰かを応援するとはどういうことなのかを賢者自身が理解するためにも、「お手伝いさせていただく」というスタンスで関わることで、自分が応援したい勇者がどういう人なのかが明確になり、真の勇者にふさわしい人物と出会える確率が高まっていきます。

たとえ、自分の理想の勇者になかなか出会えなかったとしても、さまざまなタイプの勇者との関わりのなかで、賢者は確実にレベルアップできます。

本当に望む勇者と出会えたとしても、その時のあなたが実力不足で、せっかくの縁を形にすることができないということがないように、どんな勇者のことも愛し、力になることができる自分をつくっておきましょう。

自分探しではなく、「誰とでも良好な人間関係を築き、豊かに生きることができる自分つくり」が賢者の道です。

勇者の視点からもお話ししておくと、あなたがもし勇者の道を歩んでいるのであれば、「自分は本当に応援されるにふさわしい人間かどうか」を確認してください。

- 自分のエゴのため、自分の欲望のために生きていないか？
- これまで支えてくれた人間関係やチーム、家族を大切にできているか？
- エネルギーの源を自我から、愛にシフトできているか？

賢者と勇者の両方の視点から自分を省みることで、老師として生きる準備を整えていきましょう。

純度の高い存在として生きる

勇者を取り巻く環境や状況は刻一刻と変化するため、中途半端な気持ちでは、その変化についていくことができず、多くの人が勇者から離れてしまいます。

人々のビジョンを代弁し、新しい社会をつくろうとしている勇者にとって、周りの人たちが自分から離れていくことは、心を砕かれるくらい苦しいことなのです。

そんななかで、賢者は勇者のそばを離れず、支え続ける存在として、勇者と共にビジョンを形にしていきます。

賢者は外的な環境が変化しても、常に物事を柔軟に考え、適切な指示を出し、行動することができます。

過去の経験から判断するのではなく、常に新しい経験を取り入れることによって、ものの見方を進化させていきます。

こうした純粋なあり方で、勇者や周りの人々と接するうちに、積み重ねた時間が信頼へと変わっていくのが、本物の賢者です。

「純度が高い」とは、外的な出来事に対して反応的に行動することなく、適切な言動を行うことができる、ということです。

反応とは、目の前で起きる出来事に対して、無意識、かつ瞬間的に行動してしまうことで、たとえば以下のようなケースがあげられます。

- 不快さを感じると、瞬間的にその感情をあらわにする
- 怒りを感じたらすぐに声を荒げてしまったり、態度に出してしまう
- 嫌なことを言われると話を素直に聞くことができず、すぐに言い返してしまう
- 時間が経過しても、感情が収まらない

このように賢者が反応的になってしまうのは、**自我が幼いまま、年齢だけ大人になってしまったこと**が1つの原因として考えられます。

幼い時に欲しかった感情や体験を得ることが不十分だった場合、どこかで我慢する癖や諦《あきら》める癖がついてしまい、その本心を隠しながら生きていくことになります。

その結果、隠している本心を刺激されるような出来事が起きると、自我が自己防衛反応を起こし、「周りを攻撃・否定・批判する」「自分の世界に閉じこもる」「無視する」「気にしないふりをする」などの態度を、取りたくなくても取ってしまいます。

自己防衛は対症療法にしかならず、根本的な原因（一番欲しかった感情・経験は何か）を丁寧に見つめていかなければ、反応的な自分のパターンから抜け出すことができず、反応が自分自身や周囲を傷つけ続けてしまいます。

自我は、精神的な繋がりを感じることで成熟させることができるのですが、多くの人が孤独や不安から、人と繋がることを拒否してしまっているために、自我を育てることを知らずに、自我に翻弄《ほんろう》されながら生きています。

お金は、自己防衛や反応を起こす大きな要因の１つであり、今のあなたが、向き合わなければならない感情を湧き上がらせるためのツールとも言えます。

反応してしまった時は、まず一旦《いったん》間を取り、反応的な自分を認めること。

そのうえですぐに周囲に謝罪し、感謝を伝えることで、ニュートラルな状態に戻り、適切な選択ができるようになります。

純度の高さとは謙虚さであり、自分や周囲の人の本質が「恐れ」ではなく「愛」であることを、どれだけ信頼できるかです。

賢者は勇者の孤独を愛し、勇者は賢者からの愛に気づく

勇者は、人々を導くために多少の強引さや豪胆さが必要になるため、周囲に気を使うことが苦手で、自分を評価・批判してくる人と仲よくできないという側面も持っています。

また、仕事に没頭するあまり体調を崩したり、プライベートの時間を忘れて、大切

な仲間やパートナーとの別れを経験する人もいます。

周囲の人間関係の異変に気づかないまま事業を続けていくと、社員が突然辞める、社内での人間関係のトラブルが発生する、不倫や浮気が発覚する、配偶者や子どもが病気になる、子どもが不登校になるなどのケースもあるため、勇者は賢者からのフィードバックを受けとることによって、自分を確認する必要があります。

フィードバックとは、「自分が感じている本音を伝えること」であり、「よりよくなるためのアドバイス」とは違います。

本音のやりとりを通じてお互いの心を通わせ合うことが勇者の課題であり、それができるようになった勇者の事業は、勇者の掲げるビジョンとそれに共感する人たちとの崩れることのない信頼、そこから生まれる相乗効果によって、自然と結果を出していきます。

勇者の多くは人の話を聞くことが苦手なため、信頼する賢者からの言葉ですら届かない時がありますが、そんな時は勇者の失敗や不安も受け止める覚悟を持って、直言を続けていきましょう。

組織が崩壊するのは、勇者が周囲の声を聞かなくなった時ではなく、勇者に対して誰も直言をしなくなった時です。

真の賢者は、勇者からどのような扱いを受けたとしても勇者を信じ、最後まで愛し抜くことによって、自己価値と能力を高めていきます。

賢者という存在のおかげで、勇者は、お金の奥に隠し持っていた自分の孤独や恐れを愛することができるのです。

勇者の道は、どうしても、出会いと別れが多くなります。

どれだけ周囲の人を愛し、愛されていたとしても、表面的には見えづらい勇者自身が隠し持っている孤独が、人との離別や人からの評価や批判などに反応してしまうからです。

その寂しさから逃れるために、さらに大きな力を得ようとして事業を拡大すると、孤独や寂しさはさらに拡大します。

「結局人は、自分ではなく、お金や実績についてきているだけではないのか」という疑心が生まれたり、人から褒められたり愛されていても、素直にそれらを信じることができないのです。

勇者を精神的に支え、現実的な業務も優秀にこなすのが賢者の役割ですが、未熟な段階の勇者は賢者の存在の尊さに気づけず、逆に孤独を感じてしまう理由を賢者のせいにすることさえあります。

この時勇者は、献身的な賢者を否定することで、実は「賢者に甘えている」ことに気づいていません。

賢者が勇者の誰にも言えない本音を外に吐き出させてあげることによって、勇者は徐々に自分の存在の尊さと、これまで自分を支えてきてくれた賢者や仲間への感謝に気づくようになるのです。

ワーク
12

1　あなたは、誰を、真の勇者として支えていきますか？

2　あなたは、自分や周囲の人の自我に反応的にならず、謙虚であり続けるためには、何が必要ですか？

3　あなたは、勇者の孤独を愛する準備はできていますか？

第4章

老師の錬金術

老師の錬金術

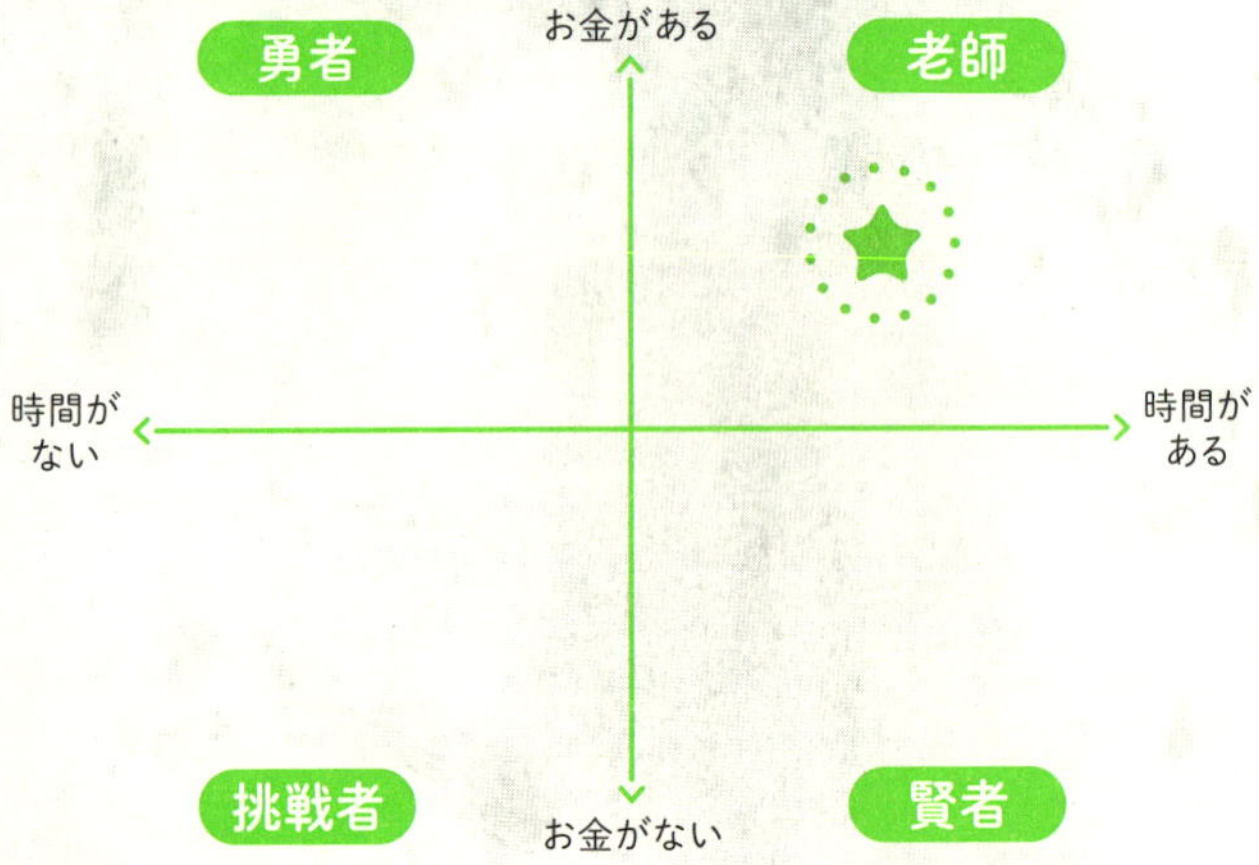

老師の錬金術

お金ではなく
資産を増やすことで
お金と時間を得ていく

その方法

- 人が普遍的に欲するものに
応え続ける仕組みをつくる
- さまざまな投資を行うが、最も費用対効果が高く、
喜びが大きい「人への投資」を重視する
- お金を「流通量」で考える
- 自分がどんな「感情」や「体験」を
流通させたいかを知っている
- 自分のためではなく、
自分を必要としてくれる人たちのために「自己投資」を行う
- 「繋がり」や「貢献」を追求する

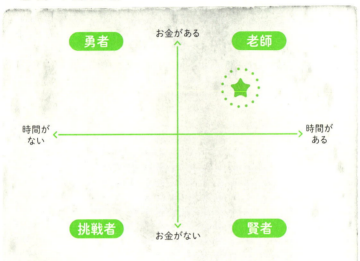

老師の投資

老師はお金ではなく、資産をつくる

それでは、いよいよ勇者の道と賢者の道の最終地点である「感情使いの老師」についてのお話をしていきたいと思います。

これまで老師と呼べるような素晴らしい方々とお会いさせていただき、その人たちに「共通するあり方」を発見してきた私は、自分自身も老師のあり方を実践することでたくさんの気づきを得ることができました。

第4章では「老師の錬金術」としてお金の考え方、増やし方、世界観などについて、次の第5章では、「老師のあり方」として3つの大切なことについてまとめました。あり方まで理解して初めて、老師の錬金術を習得することができます。

老師がお金についてどのように考え、いかにして豊かさを手にしているのかを学んでいきましょう。

「感情使いの老師」について、あらためてまとめてみたいと思います。

老師は、関係性を通じてお金を生み出す賢者と似ている要素もありますが、老師と賢者の最大の違いは、「関わる相手が経済的にも精神的にも自立できるように促すこと」にあります。

また、賢者が直接的に勇者を支えるのに対し、老師は**人が成長するための環境や仕組みそのものをつくること**で、自分自身が時間的な余裕を持ちながら、さらなるお金と時間を手にしていくことができます。

賢者はまず、一対一の関係から自分や他者の活かし方を学ぶことで、老師になるための要素を体得していき、最終的には複数の人間関係から生み出される相乗効果を扱うことのできる存在となっていきます。

一方で勇者は、自分中心の物事の考え方から脱却し、人間関係の大切さに気づくと、自分が周囲を引っ張っていくリーダーシップだけでなく、周囲の人たちの期待に応えていくリーダーシップを発揮できるようになります。

そうすることで周囲から応援される勇者になり、自分だけが持っている資源で勝負していたステージから、必要なものが自然と集まってくるステージへと移行し、自力と他力のバランスのとれた老師へとなることができます。

このように、勇者、賢者、どちらの道を極めても、最終的にたどり着くのが「感情使いの老師」です。

世の中には、お金を増やすためのノウハウがたくさん紹介されていますが、老師は**お金を増やすのではなく、資産を増やす**ことでお金と時間を得ていきます。

老師にとっての資産とは、「人が普遍的に欲するものに応え続ける仕組み」です。

通常、資産と思われている現金や不動産などになぜ価値があるのかというと、人が欲しているからであって、人が欲しがらなければただのものとして扱われます。

そのため、**時代の変化や流行に左右されずに、人から求め続けられる真の資産をつくるためには、人の本質的な欲求に基づいて、市場や事業に関わっていく**必要があり、老師の具体的な資産のつくり方として、本書では、会社を資産として考えることをおすすめしています。

「会社を資産として考える」ということは、「人を育てる」という意味です。

教育者としての老師は、人に投資し、企業や人材を教育することで資産化していきます。

なぜなら老師は、人を育てること以外にもさまざまな投資を行いますが、**最も費用対効果が高く、喜びが大きいのが人への投資**だからです。

初心者が株や不動産などに投資をしようとしても、専門知識がある人たちと対等に渡り合わなければならないため、そう簡単にはうまくいきません。

ですが、人に関することであれば、特別な専門性はそこまで必要ありません。

自分が応援したい、関わっていきたいと思える身近な人を応援することが、老師としての資産づくりの1歩目です。

投資とは、必ずしもお金を出すこととは限りません。

応援したい人の話を聞いたり、情報や人を紹介したりするなど、相手との関係性を育み、長期的に関わり合うこと自体が投資である、と老師は考えます。

老師の投資は、お金を得るための投資ではなく、人を育てるための投資です。

儲けるためだけにお金を投資して失敗すると、損失した金額や事実に意識が向いてしまいます。けれども、「この人を応援したい」という気持ちで投資をした場合は、金銭的に損失はあったとしても、投資された人の成長の機会、お互いの人間関係やこれからの展望をプラスに捉えることができ、「次は必ずうまくいくようにしよう」と投資後の気持ちも大きく違ってきます。

老師は感情の扱い方と関係性のつくり方を学び、投資に「教育」という観点を加えることで、オーナーや教育者として活躍していきます。

単純にお金を稼ぎたいのであれば、投資に関する専門知識を学び、お金でお金をつくることに取り組んでいくことも1つの手段だと思います。

しかし、本書で伝える「感情使いの老師」とは、お金ではなく、関わる人たち全員が本当に欲しい感情を得ながら関係性を育み、そのなかで豊かさを手にしていくことができるように導いていく存在であり、身近な人を応援し育てていくことによって、自他共に豊かになる道を選んでいきます。

コントロールできない市場や経済の仕組みで勝負するのではなく、自分が関わることのできる人や企業に影響を与えていくことで、資産を形成していきます。

老師への1歩として、読者のみなさんもまずは「自分が応援したい」と思う人たちを見つけて、お金でもお金以外のことでも、投資を始めてみてください。

もちろん、自分自身が事業を立ち上げて創業者となり、投資を受ける側として活躍しても構いません。

その時に大切なのは、自分が応援されている、必要とされていることを実感しながら、日々の事業に取り組むことです。

お金は副産物であって、重要なのは関係性であり、日々感じる豊かな感情です。

人が求める4つの本質

では、資産をつくるために必要な、人が普遍的に欲するものについて紹介します。それは「人が求める4つの本質」です。

この4つは、時代が変わっても技術が進歩しても人が普遍的に求めるものなので、この4分野に関わる事業を興すか投資をすると、闇雲に動くよりも成果を出す確率を上げることができます。

まずはこの4つのなかから、自分の専門分野を活かすことができ、興味が湧くものを調べ、喜びと豊かさのある投資を行っていくことで資産を形成していきましょう。

なお、ここにあるキーワードはあくまで概念的なものなので、繋がりを提供する食料分野の事業、成長を提供する人間関係の事業などもあります。

あなた自身の認識と照らし合わせながら、理解を進めていただけると幸いです。

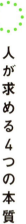

①安心　（キーワード）食料、住環境、衣類、健康、将来に対するもの
②成長　（キーワード）知的好奇心、変化、挑戦、自己表現、障害を乗り越える
③繋がり　（キーワード）人間関係、家族関係、恋愛、結婚、所属、地位
④貢献　（キーワード）芸術、環境問題、スポーツ、宗教、政治、寄付

それでは、1つずつ説明していきましょう。あなたが感情使いの老師になるための旅が始まります。

1つ目の本質「安心」

1つ目は「安心」です。安心は、最も多くの人たちが求めているものであり、生きるための根本的なニーズと言えます。

多くの人がお金を求めているのも、本質的には安心したいからであり、お金があれ

ば、安心に必要なものを手にすることができると考えているからです。

安心が満たされないと、成長や繋がりといったほかの本質に意識が向かないので、お金に対して不安を感じている人たちに対しては、まず安心を提供することから始めていきます。

勇者の側面から安心を提供するのであれば、「自分がやりたいことを通じて、いかに多くの人を安心させることができるか」を考えることであり、賢者の側面からは、「誰の、どんな不安を、どのように解消して、安心してもらうのか」を考えます。

安心を提供する際に、クライアントから選ばれる決め手となるのは、「信頼できるかどうか」「保障されているかどうか」です。

安心を求めるステージにいる人たちは、不快な思いをしたくない、という志向が強いので、一か八かの賭《か》けよりも、確実に安心できるものを選びます。

安心を提供する事業の場合、お客様は一度安心し満足すると、基本的にそのサービスを止めようとはしないので、一度取引を行うことができれば長期的な縁に繋がっていきます。

保険商品、定期積み立て、光熱費、インターネット、携帯電話などのインフラなどが該当します。

ただし、安心を提供する事業は信頼をすでに得ている、巨大な資本を持った大手企業が参入していることがほとんどです。

中小零細企業が参入する場合は、大手が着手していないニッチな市場に対して、独自性のあるサービスを提供していく必要があります。

たとえば、私のセミナーにも通ってくれていた昔からの仲間で不動産会社を立ち上げた友人がいますが、彼は「ある特定の地域」と「ひとり暮らし」という2つの要素を掛け合わせることで専門性を特化し、初年度から2500万円を超える利益を出しました。

事業の初期段階は、クライアントの要望に対して、NOではなくYESを提供し続けることで信頼を獲得し、市場での認知度と自分たちの実力を高めていくことが大切です。

安心の本質は、自立を促すことにあります。

企業としては、いつまでもクライアントが疑問を持たずに、自社の商品を買い続けてくれるほうが利益に繋がりますが、クライアントを依存的な思考から自立させることによって、真の安心を提供することが大切だと老師は考えます。

2つ目の本質「成長」

2つ目は「成長」です。成長は安心を満たした人が次に欲する本質で、「生命を維持するために生きる」ことから、「**自分という個性を生きる**」ことにシフトしたニーズと言えます。

生命を維持することを最優先した生き方がしたいのであれば、昨日と同じことを繰り返すことが一番生き延びる確率が高いことを私たちの脳は知っており、わざわざ新しいことや何かに挑戦するといった変化を起こす必要はありません。

けれども、**人は安心が満たされると、次は「変化したい」「刺激が欲しい」という**

欲求が出てきて、「安心しながら、変化したい」と、矛盾した思いを抱えるようになります。

勇者の側面から成長を提供するのであれば、「クライアントと一緒に成長し続けるためにはどうしたらいいのか」を考えることであり、賢者の側面からは、「相手はどんな成長を求めており、成長を阻害している原因は何で、どうしたら解消することができるのか」を考えます。

成長を提供する際にクライアントから選ばれる決め手となるのは、「これまでになく、ほかの企業にはないサービスかどうか」「特別感やワクワク感があるか」です。

成長を求めるステージにいる人たちは、現状を打破し、新しい可能性や未来に挑戦したいという志向が強いので、ハイリスク・ハイリターンだとしても、自分が成長できると思えるものを選びます。

成長を提供する事業は玉石混交の市場が多く、そのサービスを購入するとどうなるのかというわかりやすいストレートなメッセージ、ビフォー・アフターのイメージを想像させることが必要になります。

株式投資、FX、資格、習い事、美容、ダイエット、自己啓発のセミナーなどノウハウを学ぶものなどが該当します。

ただしサービスとして素晴らしくても、成長を促すものは「相性」が合わないと成果が出づらいので、クライアントを選ばずに事業拡大をすると将来的なトラブルに繋がります。

安心を求めるステージとは一転し、企業側ができること、できないことをしっかり判別し、YESよりもNOをきちんと出すことでブランドを構築し、相性のいいクライアントと共に成長していくことが大切です。

成長の本質は、クライアントが自分自身に対する可能性を信じ、現状を打破する体験を通じて、自己価値の高さを感じることにあります。

クライアントが成長し、次のステージに進むと、自分の事業から離れてしまう可能性があります。その時にクライアントを無理に引き止めるのではなく、次に会う時は対等な立場で共に事業ができるような関係を育むことができるよう、老師は心がけています。

3つ目の本質「繋がり」

3つ目は「繋がり」です。**繋がりは、人との関係性のなかで欲しい感情を満たし合うことに喜びを感じる人たちのニーズです。**

繋がりを求める人たちは内的な成熟が始まっており、自分ひとりで何かをやることから、「ひとりではできないことに仲間と取り組みたい」という期待を持つようになります。

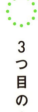

勇者の側面から繋がりを提供するのであれば、「安心して私についてきてください。そうすれば、一緒に夢を叶えることができます」というメッセージを伝えることであり、賢者の側面からは、「何があっても、あなたをひとりにはしません。あなたにはいつも仲間がいます」というメッセージを伝えることです。

繋がりを提供する際に、クライアントから選ばれる決め手となるのは「自分の存在を無条件に尊重してもらえるか」「自分にしかできない役割があるか」です。

　繋がりを求めるステージにいる人たちは、自分で自分を認める段階から、他者を認め、他者からも認めてもらいたいという志向が強いので、自分と似た世界観や価値観を持っている人たちとの繋がりを欲しています。

　これらを実現することができるのが、前に述べたコミュニティです。

「居場所（あなたは何もしなくても価値がある）」という存在価値としての安心を土台に、「役割（あなたにしかできないことがある）」という自己表現を達成できる「環境」を提供することが、繋がりを提供する際のポイントです。

　飲食店の常連、アーティストのファンクラブへの入会、婚活や結婚市場、大学や社会人のサークル活動などが該当します。

　繋がりを提供する場合は、相手のニーズすべてを満たそうとするのではなく、あえて余白を残すことで、飽きられない「参加型」の仕組みをつくる必要があります。

　アイドルグループのビジネスモデルはよくできています。ファンの居場所、「自分があの子を応援するんだ」という役割、そしてそのグループと一緒に成長し、物語をつくっていくことができる参加型の仕組みも盛り込まれているので、非常に参考になります。

付き合いが長いビジネスをつくるには、信頼を積み上げていく必要があるので、通常は低単価で数年以上の付き合いとなるような事業を設計しますが、単価の高い高級会員制ビジネスでも基本的な考え方は同じです。

繋がりの本質は、誰もが心の奥で抱えている孤独を解消すること、**自分が大切にしていることを、同じように大切にしている人たちに繋がりを提供すること**にあります。

4つ目の本質「貢献」

4つ目は、「貢献」です。貢献は、お金をはじめとした物質的なものでは満たすことができない、人間の心の奥にある「本当の感情を満たしたい」という最上級のニーズです。

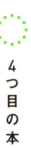

人は成熟するにつれて、「誰かのためにできることをしたい」と自然と思うようになります。

「誰かのために何かをする」ことで、「自分にも与えられる」ことを老師は知っているのです。

勇者の側面から貢献を提供するのであれば、「あなたがやりたいことと、私がやりたいことを掛け合わせて、新しい価値観の世界をつくること」を語り、賢者の側面からは、「あなたを必要としている人のために、共に活動しましょう」と伝えることです。

貢献を提供する際にクライアントから選ばれる決め手となるのは、「どれだけ社会や未来に自分の思いを残すことができるか」です。

貢献のステージに来た人たちは、自分のニーズではあまり動かなくなります。

時代や社会のニーズ、身近な人の声を聞き、その人たちの力になるのであれば、喜んで動きます。

貢献を求めるステージにいる人たちは、上質な感性を育んできているので、単に「いいことをしましょう」では、感情は大きく動きません。

世の中の問題を解決しながらも、自分自身も知的な刺激や新しい経験をできるものを好みます。

そのため真面目すぎる貢献はあまり好まれず、哲学とユーモアの融合、情熱と聡明《そうめい》さの両立、シンプルなのによく考え抜かれたシステムなど、相反するもののバランスが整っている「美しさ」を求めています。

NPOやNGOの活動、財団法人や経団連などの団体の運営に関わることなどが該当します。

自分ひとりでは成し遂げることができない大業を、力を合わせることで成し遂げることを目指しますが、一部の人の大きなお金を動かすのではなく、多くの人の小さなお金を動かすことで、時間をかけて社会を動かすことを喜びとします。

大きなお金を、時間をかけずに動かすと、お金の影響を受けた人たちの自我が出てきてしまうからです。

貢献を提供する事業の場合、貢献する側とその恩恵を受ける側の関係性を育むために、世代を超えた交流や、事業の進捗《しんちょく》報告なども定期的に行っていきます。

また、貢献のステージにいる人には、その人が中心となって動くのではなく、ほどよい距離感で見守りながら関われるポジションを用意しておくと、よりよい関係を築くことができます。

貢献の本質は、誰かの役に立つことで、自分の役割や生きる意味を知り、「自分は何者で、何のために生まれたのか」を体験することにあります。

お金を通じて得ることができるすべてのものを手に入れたとしても、人と人との関係を通じてしか得ることができないものがあることを老師は知っています。

ここまでが、「人が求める4つの本質」です。

人は成長すればするほど、目に見える物質的なものではなく、見えない精神的なものを求めるようになることがわかります。

そして、**感情の振れ幅が大きいほど動くお金が大きくなるので、感情使いと呼ばれる老師は、お金と時間を手にしているのです。**

人を大切に想う気持ち、人から大切にされる体験、特別な記憶や思い出など、目には見えない、抽象度が高いものほど、人の気持ちを動かすのです。

物質的なものは時に失うことがありますが、知恵や経験は失うことはありません。

また、物質は人に渡すと自分の手元からなくなりますが、知恵は分かち合うほど、ろうそくの火のように伝播《でんぱ》していき、自分の周囲に優秀な人が増えて、自分の豊かさにも繋がります。

老師の豊かさは、目に見えないもの、普遍的なものを軸にしているために、外的な要因に左右されることなく、将来に繋がる資産を積み上げていくことができるのです。

ワーク 13

1 あなたは、どんな人に投資をしたいですか？
2 あなたは、どんな分野に投資をしたいですか？
3 あなたは、投資をすることで、得たい成果や感情、体験はどんなものですか？

老師のお金の考え方

自分の基準を明確にする

お金と時間の両方を手にしている老師といっても、その立場は人によってさまざまです。

資産を数十億円持っている老師もいれば、数百万円の老師もいます。

豊かさとは心の状態であり、**老師は金額の大きさよりも、感情的に満たされて日々を生きていることを大切にします**。

必要以上のお金を追い求めて盲目的に生きるのではなく、今この瞬間も豊かさを感じながら、未来をつくるための基準を明確にしていきましょう。

自分の基準を明確にするための問いが、こちらです。

- 何を大切にしながら、人生を生きていきたいのか？
- 月に何日働いて、月に何日休みたいのか？
- 朝起きてから寝るまでの理想の過ごし方はどんなものか？
- 仕事を通じて、どんな感情や体験が欲しいのか？
- 仕事を通じて、どんな人たちと付き合っていきたいのか？
- そのような暮らしをするには、いくらの収入が必要なのか？
- 真の財産を増やし続けるにはどのように生きればいいか？

人生における自分が大切にしたいことを明確にしたうえで、身の丈に合った時間とお金、感情のバランスを整えることから始め、少しずつ時間とお金を受けとる器を大きくしていくと、感情的にも経済的にも安定した暮らしを実現することができます。

数値は因数分解して考える

基準を考える際には、数字のことも考える必要があります。

数字と聞くだけで、苦手意識を持つ方もいるので、数字のイメージをつかむための簡単な方法をお伝えします。

それは、「数字を因数分解して考える」ということです。


たとえば年収1000万円になりたいと思ったら、漠然とイメージするだけでなく、因数分解してみましょう。

※ここもイメージをつかむための計算式なので、税金などの考慮は省きます。

年収1000万円ということは、12か月で割ると、月収約83万円です。

毎月83万円の収入を得ることができれば年収1000万円になるので、さらに月収83万円を因数分解して、月収83万円を得るために、いくつの収入源を確保するのかを考えます。

1つの事業で83万円を得てもいいし、2つの事業で約42万円ずつの収入、もしくは3つの事業で約28万円ずつ、ということも可能です。

自分が1つのことに集中したほうがうまくいくタイプなのか、それとも複数に分散したほうがいいのかを考えて、収入の柱（ポートフォリオ）をつくっていきます。

例

83万円×1事業＝83万円
42万円×2事業＝84万円
28万円×3事業＝84万円
21万円×4事業＝84万円
17万円×5事業＝85万円　etc

漠然と収入を上げることや、1つの事業で目標を達成しようとするのではなく、どんな事業や投資で、いくらずつの収入を得たいのかをイメージすると、何にどのくらいのお金と時間を投資すればいいのかが見えてきます。

たとえば、自営業でマッサージの仕事をしている人が、月に１００万円の売上を上げたいのであれば、１００万円を因数分解します。

1回1万円の施術であれば、月に１００人で１００万円です。

「月に１００人は無理だ、できても50人が限界」と思うのであれば、施術の単価を２万円にする必要があります。

月に50人の施術をするには、１日平均１〜２人を毎日施術するほうがいいのか、それとも、月の半分を休みにして１日３〜４人を施術する毎月15日間の稼働がいいのかなどと、働き方も自分の理想のライフスタイルに合わせて決めることができます。

「私はマッサージが好きだから、毎日施術をしていたい」という人であれば、半月も休みが続くと勘が鈍ってしまい、早く施術がしたいと思うかもしれません。

逆に、「15日間で集中したほうが、残りの時間を勉強や余暇に使えるからそのほうが合っている」という人であれば、どうしたら2万円の単価で1日3〜4人の施術ができるのかを考えます。

盲目的に売上を上げようとする前にゴールをイメージすることが大切です。

算数レベルの簡単な計算で構わないので、自分の具体的なライフスタイルと数字を照らし合わせていきましょう。

思い込みから目覚める

ここで少し、世の中を俯瞰《ふかん》して見ていきたいと思います。

現代は大量生産・大量消費の時代です。この風潮に対して徐々に違和感や限界を感じ始めている人が増えているように感じますが、いまだ多くのメディアは人々に購買意欲を駆り立てるような情報を発信しています。

「お金よりも大切なことは何ですか？　それを大切にしていますか？」というメッセージよりも、「お金を稼ぎましょう。お金さえあれば、豊かな暮らしができますよ」

と言ったほうが、世の中にお金の流通が生まれるからです。

「まだあなたの生活は不足していますよ。このままでは大変ですよ。周りの人はこんなことをしていますよ。みんなと一緒のほうが安心ですよ」という、恐れに訴えかける情報発信に、気づかないうちに洗脳されています。

たとえば、情報番組で紹介されるテーマを並べてみると、1月は「お年玉商戦」、2月は「バレンタインデー」、3月は「ひな祭り」、4月は「お花見」、5月は「ゴールデンウイーク」など、お金を使う催しが盛りだくさんで、最近では「ハロウィン」や「孫の日」まで出てきました。

「孫の日」というのは、おじいちゃんおばあちゃんが孫にプレゼントを買ってあげる日のことで、高齢者の財布を緩めることを目的にしたマーケティング戦略であることは俯瞰すればわかりますが、無意識にお金を使うように思い込まされていることに、なかなか気づくことができません。

本当に自分が納得したうえでお金を使うのならいいのですが、自分の本当に欲しい感情に関係ないお金を使うことになってしまうと、本質的には満たされない状況が続

いてしまいます。

人生で最もお金を使うことになる夢のマイホームも、ローンを払い終わる頃には資産価値がほぼゼロになりますが、やはり欲しいという気持ちを無意識に求めるように思い込まされていて、ローンのために一生涯働き続けなければならない足かせを自分の意思ではめてしまっています。

冷静に考えれば、今から日本は人口が減って空き家が増えていくにもかかわらず、新築の物件が増え続けているのは、新築を建て続けなければ成り立たない経済の仕組みがあるからです。

私たちは気づかないうちに、本来、人の人生を豊かにするはずの経済の仕組みそのものを継続するために生きるという矛盾に陥っているのかもしれません。

老師の視点に立ち戻ることができれば、「自分の人生において何が大切なのか」「何が自分の喜びなのか」「何にお金や時間を投資していくのか」を理解し、人生の軸を持って生きていくことができます。

ワーク
14

1　あなたの理想のライフスタイルを、精神面と現実面の両方から書き出してみましょう

2　理想のライフスタイルを過ごすための理想の収入を、因数分解してみましょう

3　あなたは、今後の人生において、何にお金と時間を投資していきますか？

老師のお金の増やし方

これまでのお金の増やし方は、間違っているのかもしれない

一般的にお金のことを考える場合、「手元の金額が増えた（もしくは減った）」、あるいは「お金がある（もしくはない）」ということに目が行きがちですが、老師はそうではありません。

老師は、**お金を流通量で考えます**。

自分がどれだけお金を蓄えているかではなく、自分がどれだけ大きなお金の流れに関わっているのかという視点を持つと、目先のお金の増減に左右されません。

自分ひとりでお金を貯めようとするのではなく、仲間と協力し合いながら、顧客にとって長期的に必要不可欠となる事業を提供していくのです。

そのような事業モデルをひとり、もしくは1社ですべてつくり維持するのには限界があります。

老師はこれまで培ってきた感情や関係性の学びを活かして、仲間と協力し合い、それぞれの専門性を活かし合い、相乗効果を生み出しながら、お金と感情の流通網をつくっていくことで、長期的な収入を生み出す資産と、得たい感情や関係性を育んでいくことができるのです。

ひとりで事業を行うことの大変さは、私自身も経験してきました。

特に賢者の特性が強い人は、ひとりで何かをすることが向いていないにもかかわらず、「自立しなければいけない」と背負いこんでしまうので、才能を活かすことができずに悪戦苦闘し、低迷する期間が長くなってしまいます。

賢者の才能を求めている勇者と出会うことができれば、同じことをしていても、ひとりで活動するよりもっと大きな価値を生み出すことができます。

しかしながら、お互いを活かし合うという発想がない自己中心的な勇者と、賢者としての存在価値を受けとっていない自己否定の強い賢者のジレンマも見てきました。

老師が、このジレンマを解消し、相乗効果を生み出すために出した1つの結論が、お金と感情の流通網をつくることです。

流通網をつくる際には、流通させたい感情や体験を明確にしていく必要があります。

これから先、一緒に流通網をつくっていく仲間が同じ感情や体験を流通させたいと思っていなければ、そのギャップは時間と共に拡大し、せっかくつくり続けた流通網が崩壊してしまう可能性があります。

何百年と続く老舗《しにせ》の多くに経営理念が存在しているのは、お客様と企業の関係性である「感情の流通網」を、世代を超えて繋いでいくための証《あかし》になるからです。

あなたが流通網を増やしたいと思うのであれば、**自分が与えたいと思っている感情を同じように大切にしたいと思っている人や企業と出会い、真の関係性を構築して一緒に流通網を広げていくことが、将来への投資になります**。

理念を共有できている企業同士であっても、お金の流通が大きくなるにつれて、自我や欲に影響され、せっかく積み重ねてきたものが崩れてしまうことがあるので、損得で提携を結んでしまうと長期的な繁栄は難しいと私は考えています。

理念を共有し、流通させたい感情や体験を明確にしたうえでそれぞれが違った専門性を持っている状態が成り立つと、流通をつくり出すことができます。

自分の収入や支出だけを見ている段階では、いつまでたっても自力で稼ぎ続けなければいけないサイクルから抜け出すことができません。

自分の収入と支出だけを見るのは、「点」で量を計っていることになるからです。

流通量を増やすという考え方は、「**自分に関わる感情とお金の流れ**」を見ています。

お金の流れを水の流れにたとえてお話ししましょう。

自分の生活に必要な水を、近くの川まで、両手にバケツを持って運びにいっているとします。

効率を上げるためにバケツを大きくしたり、体を鍛えたり、効率のよい運び方などを工夫するのが「点」でものを見る見方です。

一方、流通という「流れ」でものを見る見方をする人は、村の人たちと協力して村の近くまで水を引くための用水路をつくります。

この時に、その川に対する悪影響がないか、周辺にあるほかの村へ水が行き届かなくなる可能性がないかなども考慮し、必要以上の水を無理やり引き込むことはしません。

そして、この時につくった用水路は、世代を超えて、自分たちの村を豊かにし続けてくれます。

点を見ているのか、流れを見ているのかで、ずいぶんと未来が変わります。

このような流通量に着目するのは、成熟した老師のあり方特有のものであり、真のお金持ちが破産しても、同じかそれ以上の資産を再び構築することができるのは、このような流通網を育み続けてきたからです。

究極の投資方法

世の中には、さまざまな投資があります。

私も事業で得た収入を投資に回して権利収入を得るために、さまざまなことを試しました。

保険、不動産、ＦＸ、仮想通貨、その他投資案件などに関わってわかったことは、**金融投資（お金でお金を生み出す）よりも、自己投資をするほうが圧倒的に利率が高い**ということです。

事業が成功し、お金が多額に余っており、税金対策のために金融投資が必要な方でない限り、まずは自己投資に専念することが堅実な投資だと私は考えます。

この考えに至ったのは、20代の時にお世話になった経営者の先輩からのアドバイスのおかげでした。

事業収入が増えたことで多少の余剰金が出たので、それを金融投資しようとした時にこんなアドバイスをいただきました。

「20代のうちに不労所得を得ようなんて考えなくていいんだよ。20代で働かなくても生きていける状態になってしまったら、働くことの意義を見失ってしまう。人はね、人を喜ばせるために生まれてきたんだよ。仕事っていうのは、人を喜ばせることを通じて自分自身の喜びを感じることなんだ。20代は汗をかいて働くことに対して、喜びを感じる感性を育てるといい。不労所得を得るのは、それからでも遅くない」

「それとね、若いうちの投資はすべて自己投資にすること。本当に金融投資で成功しようと思ったら数百万円でも少ないし、そのお金がすべてなくなったら困るという状況では、安心して投資に専念できないよね。それに、ある程度のお金を手にできたら自分で投資しようとしなくても、いろんな投資の話が向こうからやって来る。今は自分を投資対象として、育てていくのがいいよ」

「ロールプレイングゲームをやったことあるよね？　主人公がレベル1からスタートして、弱い敵を倒しながらどんどん強くなっていくんだけど、ゴールド（ゲームのなかのお金の単位）が貯まったら、君はどうする？　きっと、今持っているよりも強い武器や防具を買って、貯金はしないよね。人生も同じだよ。自分の知恵や能力を向上させれば、弱い武器や防具のままでは倒せない敵を倒せるようになる。そうしたら、小さくコツコツ貯金をするよりも、効率よく経験値とゴールドを得ることができるよね」

この考え方が腑《ふ》に落ちた私は、それ以来徹底した自己投資を行ったことで、大学卒業後、一度も企業に就職することなく、現在まで8年間自営業を継続することができています。

自己投資から他己投資へ

「本を読む、人に出会う、旅をする」

自己投資のなかで、最もオーソドックスなものがこの3つだと思います。

自己投資に正解はないので、自分に合った方法で学んでいけばいいのですが、自己投資の効果を圧倒的に上げる方法があります。

それは、**誰のために自分自身を成長させていくのかを意識すること**です。

「誰にとって、どんな存在でありたいのか」というアイデンティティーを決めたうえで自己投資をすると、投資で成長した後の自分をどう活かすのかというイメージを持つことができ、費用対効果も抜群に向上します。

自己投資とは本来自分のためではなく、自分を必要としてくれる人たちのために行うものです。

誰の喜びに貢献できれば自分の才能を活かすことができるのか、という目的意識を持ったうえで投資をしていきましょう。

そして、自己投資の次には、「他己投資」をおすすめします。

これは、流通網をつくるための準備段階です。

将来のパートナーとして、自分が持っていない専門性を持った仲間を発掘し、感情とお金を流通させていくための関係性を育んでいくことです。

一緒に同じ勉強をしたり、旅行に行ったり、自分ができることで相手に貢献をすること、これらも立派な他己投資です。

ここでのポイントは、優秀な人を見つけて投資をするのではなく、お互いに未熟な段階から関係性を育み、共に成長しあうことで信頼関係を築いていくことです。

すでに活躍している人とだけ付き合うのではなく、まだ頭角を現していない伸びしろのある人材に目を向け、関係性を構築していきます。

「自分とは合わない」「自分の成長速度に人がついてこられないから、関わる人が変わる」という人もいますが、そういう人はいずれ、自分がしたことと同じことを経験するようになっています。

「関わりたいと思った人の成果が出なかったから次の人材を見つける」「いいなと思った勇者（賢者）が理想と違ったから、縁を切ってほかのいい人を見つける」のではなく、**「目の前の人は、今の自分に必要なことを一緒に見ようとしてくれている」**と考え、相手と自分の関係性のなかに隠れている感情に気づき、長期的な視野で付き合い続けることが大切です。

人は未熟であるため、自分がこれまでしてもらったことに気づくことができず、老師のもとを去ったり、否定や非難の対象にしてしまう時もあります。

けれども、老師は、自分の元を去った人もいつか同じ老師として、人を育てていく立場になることを知っています。

老師の気持ちを理解できるようになるその時まで、その人を愛し続け、見守り続けることができるのが感情使いの老師だからです。

ワーク15

1　あなたは、どんな感情や体験を、どんな人たちと分かち合う流通網をつくりますか？
2　あなたは、どんな自己投資をしていきますか？
3　あなたは、どんな他己投資をしていきますか？

老師がお金を通じて見ている世界

すべての人の営みは、教育にたどり着く

では、本書の核心的な部分についてお話ししたいと思います。

お金と時間の両方を得ながら、感情的に安定し、豊かに暮らしていくための秘訣として、老師が最も重要視しているのが「**教育**」です。

「なぜ、お金と時間を得るための方法が教育なのか」と思われるかもしれませんが、例をあげながら、一緒に理解を深めていきましょう。

今回は、飲食店を事例に考えます。

飲食店の現場で働いているのはアルバイトです。

アルバイトは時給をもらうことで、自分の労働力を提供します。

ですが、現場で働くアルバイトよりも、アルバイトをまとめ、教育ができるアルバイトリーダーのほうが給料や条件が優遇されます。

アルバイトリーダーよりもアルバイトリーダーを育てることができる店長が優遇され、店長よりも各店舗を統括することができるスーパーバイザーが優遇されます。

さらに、スーパーバイザーよりもスーパーバイザーとなり得る人材を発掘し、教育することができる経営幹部、経営幹部よりも幹部候補を見極め、育てることができる社長、そして、社長よりも社長を選び、育てることができる株主や投資家のほうが、お金も時間も得ることができる、ということを想像したことはあるでしょうか。

なぜ投資家やビジネスオーナーが、自由なお金と時間を得ることができているかというと、**自分以上に優秀な人が自分の代わりに動いてくれているから**であり、**自分以上に優秀な人を育てることができる人が、お金も時間も手にしている**のです。

教育は普遍的なものであり、業界・業種・職業を問わず、人が関わるものであれば、そこには必ず教育が存在します。

老師は、自分が関わってきた分野の専門知識を持ちながらも、「人を育てる」という普遍的な原則を身につけているため、自分以上に優秀な人たちを育て、関わることを通じて、関わる人たちの成長と比例して、ますます豊かになっていきます。

老師にとっての教育とは、**先生から生徒へと一方的に行われるものではなく、先生と生徒が対等な関係で学び合い、時に生徒から学ぶこともできる関係性を育むこと**です。

お金で得ることができるものの大半を得た人たちが最終的に行き着くのが実は教育であり、人生の終焉《しゅうえん》に近づいているお年寄りが孫の成長を見て喜ぶのは、**「人の内的な成熟度」と「人の成長に関わりたいという根源的な欲求」が比例している**ことを示しています。

まだ成長段階の人は自分中心に物事を考えますが、老師は、他者への貢献を通じて自分を教育し、周囲の人たちが自然と育っていくための役割を果たします。

自己中心の考えが悪いわけではありませんが、**個人的な喜びや成功を最終目標にす**

るのではなく、個人的な成功を終えた後には、繋がりや貢献といったものを欲するようになるのです。

今教育的な立場にいる、いないにかかわらず、今の自分にできることで、教育に関わることを目指していけば、自分自身のあり方や周りに対する見方や考え方が変わり、老師としての成熟が進んでいきます。

時間もお金も自由に使うことができる感情使いである老師の役割は、**人の感情を動かすことで、その人自身の気づきや成長の機会をつくり、共に学びあうことに喜びを見出していく**ことにあります。

教育の本質は、自分を超える存在を育てること

老師は、自分だけが豊かになるのではなく、周囲の人たちと共に豊かになる道を歩みます。

老師が培ってきた豊富な経験や知恵は、老師自身のためではなく、**周囲の人たちが成長し、繋がりあう環境と機会をつくるため**に使われます。

これは老師が「誰かの喜びが自分の喜び」という境地に至っているためであり、同時に、**老師自身も「共に過ごしてくれる仲間との関係を求めている」**のです。

最終的に人は、人との関係性を中心に生きていくことになります。

大きな力を手にしても、巨額の富を持っていたとしても、周囲に真の理解者がいなければ、どれだけ孤独で寂しい人生かは容易に想像することができます。

老師が教育者的な立場で生きるのは、自分が培ってきたものと、老師自身が先人たちから受け継いできたバトンを次の世代に渡すためです。

関わった人たちが人生の本質に気づき、自らの体験や喜びを分かち合う姿は、老師の境地に至った人にとって、最上の喜びです。

ただし、老師に依存するような関係や、老師を崇拝し、期待に応えようとすることは求めていません。

老師が目指す教育の本質は、**自分を超える存在を育てる**ことです。

もし、あなたが慕っている老師が、あなたが老師を超える存在になることを喜んでくれるのであれば、その人は成熟した老師であると言えるでしょう。

老師は教育を通じて自分を超える存在を育て、育った人たちとの良好な関係を発展させ続けることで、資産を形成していくのです。

お金の使い方に、その人の人生が表れる

通常、人は自分が欲しいものを得るためにお金を使いますが、老師は「**何にお金を使えば、豊かな未来をつくることができるのか**」を考えてお金を使います。

自分が使ったお金が世の中にどんな影響を与えるのかを意識し、長期的な視野で観察していくことができれば、世の中がどんな方向に向かっているのか、お金がどんなところに集まっているのかを理解できるからです。

「**お金は、意思表示**」と捉えることができます。

お金を使うということは、あなたが購入した商品やサービスを提供している企業を応援するということだからです。

地球環境や未来を考えずに利益を追求している企業にお金を使えば、その企業に関わりのある会社や業界が発展し、オーガニックや子どもの未来、環境保全に取り組んでいる企業の商品を購入すれば、その企業に関わる会社や業界が発展します。

お金を使うということは、自分の欲求を満たすこと以上に「自分がつくりたい社会や未来をつくるための意思表示として、大きな意味を含んでいる」ことを、少しずつ意識できるようになると、老師の視点が身についていきます。

まずは、あなたが生きていきたい社会や未来をつくろうとしている企業を探し、小さな額からでも構わないのでお金を使ってみるといいでしょう。

使うことができる金額が大きくなればなるほど、社会や未来への影響が大きくなるため、老師として成熟すると、自分のお金の使い方の影響を意識せざるを得なくなります。

真の自立とは、自分と自分に関わる人たちの未来に対し、責任を持つことから始まります。

そして最終的には、自分を満たすことから他者を満たし、社会に貢献することを通じて、自己の存在意義や喜びを感じる段階に至ります。

勇者として自己価値を高め、賢者として関係性を育んできたあなたであれば、感情使いである老師として、未来のためのお金の使い方を会得していくことができるでしょう。

ワーク16

1　自分にとっての理想の教育、教育者像とはどんなものですか？

2　自分を超える存在とは、あなたにとってどんな存在ですか？

3　あなたは、どんな未来をつくるために、どんな企業や人にお金を使いますか？

第5章

老師のあり方

すべては変化することを受け入れている

自分の選択に責任を持つことで、心の安定を保つ

人は、望まないことや不都合なことが起きると、無意識に誰かのせいにしてしまいがちです。

場合によっては、他人のせいにしていることにも気づかず、自分の主張が正しいかのように錯覚してしまっている人も少なくありません。

老師はいかなる時も、自分の選択に責任を持ちます。

変化に対して抵抗することなく、目の前の結果に対して、それがどんなものであっても感謝し、受けとっていきます。

なぜなら老師は、**「起こったこと、自分の選択はすべて最善であること」**、**そして**

「今この瞬間の選択が、新しい未来に影響を与える」ことを理解しているからです。

自分の選択に責任を持とうとしない人は、自分とも他人とも距離ができてしまい、最初は言い逃れができたとしても、最終的にはこれまで避けてきた責任を取らざるを得ない状況に陥ります。

また、過去のパターンを繰り返していることに気づかず、自責や他責を止めることができずに、精神的に苦しい時期が続いてしまいます。

私たちにできるのは、**今という瞬間から、「受けとりたい結果を生み出していく原因」を選択し続けていくこと**です。

目の前の出来事が今の自分にとってどんなに不利益なことだとしても、今この瞬間の思いをマイナスに捉えてしまえば、未来の結果がマイナスになる原因をつくってしまうことになります。

このシンプルな原則に気づき、自分が望む未来を生み出すためには、**自分の選択に責任を持つことが大切**です。

Everything's gonna be alright.

それでも時として、どうしても受け入れがたく許せない場面や、自分の選択に責任を持ちたくても、どうしたらいいのかわからない場面に直面することがあります。

自分は我慢していて、相手は楽しそうにしている。
どう考えても相手が悪いのに、自分が悪者にされている。
理不尽な思いをしているのに、このままでいいのか。

いくら穏やかであろうと心がけても、自我が反応しそうになり、感情的になってしまう状況がまったくないわけではありません。
どれだけたくさんのことを学んでも、お金を手にしても、仲間に愛されていても、悩みや不安は一生なくならないのです。

成長するなかでわかったのは、むしろ、「**成長すればするほど、悩みも大きくなる**」ということでした。

最初は自分のことで悩んでいたのが、家族のことも含めて悩むようになり、さらに成長すれば、会社や地域、社会問題について、人によっては国を背負いながら生きていく立場になっていきます。

「安心して生きていくために成長してきたのに、これではいつまで頑張ればいいのかがわからない」と、不安が大きくなりそうになった時に出会った1つの言葉が、私の世界に対する見方を大きく変えてくれました。

それが、"Everything's gonna be alright."です。

「**すべての物事は変化し、その変化は最善の方向へ進んでいる**」

私はこの言葉を、「どんな不安や孤独も、今の自分にとって必要なことが起きている」という意味に受けとりました。

「**人生はどのようになっても、よりよい方向へ進んでいる**」という原則を受け入れたことで、運命に抗《あらが》うのを止め、誰かを責めたり、依存することなく、日々を穏やかに過ごせるようになりました。

この頃はちょうど勇者として、お金や実力を飛躍させていくことの限界を感じていた時期だったので、余計に腑に落ちたのを覚えています。

痛みや不安、変化から逃れようとしているうちは、人生の流れが見えず、どんなに頑張っても、思うように前に進めないことを私自身も経験しています。

目の前の変化は、すべてよい方向への変化であるという全肯定的な視点に気づき、その見方を受け入れた瞬間に、私の自我のなかに隠されていた不安や孤独を見つけ出すことができました。

そして、自分の隠された感情に気づいた瞬間に、**目の前の相手の言動や自分が置かれている状況が一切変わっていないにもかかわらず、私自身の気持ちは大きく変化し**

ていたのです。

「許せない、受け入れることができないと思っていた人や状況は、私が隠していた感情に向き合う機会を与えてくれていたんだ。もし、このタイミングで向き合っていなければ、私は不安や孤独をお金や力で隠したまま、生き続けることになっていたかもしれない。このお金と感情の真実に気づき、真実を生きている人こそが、感情使いである老師なのだ」

豊かさとは、お金という外的な要因ではなく、常に自分の感情や関係性といった内的な要因から生み出されるものであると気づくことができた貴重な経験でした。

真の安心は、変化のなかにある

私がカウンセリングをさせていただいたなかで、お金に関して最も多く相談を受けた感情は、「不安」でした。

お金がなくなったらどうなるのか、生活できないのではないか、人が離れていってしまうのではないか、孤独になるのではないか……。

お金と向き合うことは、不安という感情と向き合うことと限りなく近いことかもしれません。

不安の本質は、信頼の欠如です。

安心とは、自分を信頼することだけで得られるものではなく、周囲の環境や人、起こる出来事を信頼することで得ることができる、ということを多くの人は知りません。

自分を信じることや、自分の力を大きくすることで安心を得ようとすることは、「大海原を航海する時に、自分の船を信じていればなんとかなる」と思い込んでいるようなものです。

どれだけ船が頑丈なものであっても、海の力には敵いません。

私たちにできることは、自分たちが生きている環境（今回の例では海）からの影響力の強さを知り、海の状態や風向きを読むこと。そして、強靭《きょうじん》な船で海をコントロールしようとしたり、抵抗することではなく、波や風の力を借りながら進んでいくことです。

真の安心とは、変化と共にあり続けることにあります。

所有すること、変化を拒否すること、現状を保つことで安心しようとすると、変化に対して非常に打たれ弱くなり、今持っているものを守ろうとするがあまり、自分の選択肢や可能性を狭めてしまいます。

もし、**力を持って恐れをコントロールしようとすれば、自分が持った力と同じだけの恐れからコントロールされる**ことになります。

力を所有することや変化を拒むことではなく、すべてのものは変化し続けることを受け入れ、逆らわず、変化が打ち寄せるタイミングを見計らい、背中を押してもらうことで、私たちの船は大海原を航海していくのです。

それが、"Everything's gonna be alright."という世界です。

ワーク
17

1 あなたは、自分の選択に責任を持ち、その選択が未来をつくることを自覚していますか？

2 あなたは、望まない現実に直面した時も感情的にならず、今の自分にできることに取り組んでいますか？

3 あなたは、自分や周囲の人を信頼し、変化を楽しんでいますか？

すべてに感謝している

あるものに目を向けて、心の領域を広げていく

老師のあり方のなかで、最もシンプルかつパワフルなのが、「すべてに感謝している」ことです。

すべてを肯定し、感謝する姿勢は、自分の心の領域を広げ続けてきた老師だからこそできるあり方です。

「これは嫌だ」「これは苦手だ」「これはこうあるべきだ」「こうでなくてはならない」といった自我がつくった制限や思い込みのなかで生きることは、あなたを豊かさから遠ざけます。

そして、徐々にあなたを周囲から孤立させ、敵対意識を感じるように仕向けるので

す。

「**豊かさとは、心の状態である**」というお話をしましたが、心が豊かな人は、**いつ、どこで、誰と、何をしていても、感謝の気持ちを忘れることはありません。**

老師は「今ないもの」ではなく、「今あるもの」に目を向けることで常に感謝できる心を持っているため、いつも豊かなのです。

お金の不安や人間関係の不安は、「ない」という欠落した思い込みから生まれます。

「お金がない」「これからお金がなくなるかもしれない」「あの人と今仲がよくない」「これから仲が悪くなるかもしれない」という、失うことへの恐怖があなたの心を不安に駆り立てます。

これは、依存的な考え方や生き方をしてきた人に多く見られる不安です。

逆に、自分の人生に責任を持って生きてきた人は、失うことを恐れずに受け入れ、「失うことは、次のギフトが与えられる準備である」ということに感謝し、執着心を手放していきます。

「お金があれば豊か」「人に愛されていれば豊か」という条件付きの豊かさから**「あることもないことも自分にとってのギフト」というあり方へのシフト**が、今この瞬間から豊かさを広げていく老師のあり方です。

今の自分に「○《まる》（全肯定）」を出す

感謝とは、自分が受けとったものを肯定している時に湧き上がる感情です。

老師は、常にすべてを肯定しているから、自然と感謝ができるのです。

対応できないほどの不安や悲しみ、憤りなど、さまざまな感情に直面することになる人生のなかで、老師はそのすべての経験をギフトとして捉えています。

この境地に行き着くために、私たちは感情について学んでいるのですが、感情にのまれてしまうと、感情と密接に繋がっているお金はその犠牲になってしまいます。

収まりのつかない感情に任せてお金を無駄に使ってしまうと、お金にネガティブなイメージを持ってしまい、人間関係においてもトラブルを体験するようになってしまいます。

感情とお金に振り回されない生き方をするためには、**自分は常にギフトを受けとっているというあり方を心がけること**。

同時に、**常に自分の感情の癖を知っていること**の2つが大切です。

平常時には、落ち着いて対応できていることも、お金の問題が絡んでくると、未熟な自我が顔を出し始めます。

老師は、隠された感情をあぶり出すのがお金の役割の1つであるという視点を持っているため、お金の問題を通じてあぶり出された真の感情と丁寧に向き合い、感情の満たし方を熟知することで自我を成熟させてきました。

また、周囲の人々の隠された感情を見抜く視点を培うことで、関わる人たちを本来のあるべき姿に導いていくことができるのです。

どんな時に、悲しくなるのか。
どんな時に、嬉しくなるのか。
どんなことを言われたら元気が出て、
どんなことを言われたらやる気がなくなるのか。

感情に蓋《ふた》をしたり、なかったことにするのではなく、ポジティブな感情もネガティブな感情も1つ1つ丁寧に味わい、次に届くギフトに感謝していくことで、感情が一時的に高ぶったり落ち込んだりしたとしても、いつでも穏やかな心に帰ってくることができます。

不足などのネガティブな感情にも感謝するということは、**今の自分やこれまでの自分が感じてきたあらゆる感情に「◯を出す、全肯定する」こと**です。

今の自分の目の前にあるものは、過去の自分の選択の結果です。

悩みながらも、当時のあなたが最善だと思った選択に、もし◯を出せないのだとしたら、あなたはこれまで自分の本音や感情を過去に置き去りにしたまま、生きているのかもしれません。

全肯定できないままの体験や思い出はとても苦しい経験となって、心に残り続けています。

あらゆる感情に○を出し続けるには、大きく2つの方法があります。

1つ目は、すべては変化するということを受け入れ、すべての変化が最善であると最初から信頼すること。

2つ目は、「肯定できない」と自分を否定し続ける日々を過ごし、抵抗し、傷つき、最終的に諦めの境地に至った時に、肯定する以外の道がなくなる、という方法です。

感謝は、「しよう」と思ってするものではありません。

「目の前の出来事や問題は、自分が心の奥に隠してきた感情に気づくために起きている」と受け入れた時に自然と湧き上がる感情です。

老師は長年の経験から、どんなに悩み苦しんだ思い出も、最後は感謝の道具になることを知っています。

全肯定と感謝の実践を繰り返すことによって、自分の限定的なものの見方ではなく、物事を客観視する習慣ができ、感情の浮き沈みに左右されない、穏やかな状態で過ごすことができるようになります。

この隠された感情と出会うための方法こそが、全肯定であり感謝です。

感謝とは、完了のサイン

とはいえ、人は自我を持っている存在です。

未成熟な自我は出来事に対して本能的に反応するため、本当の気持ちとは関係なく、瞬間的に悲しくなったり、一瞬で怒りが湧いてしまい、自分や周囲の人を傷つけてしまうことがあります。

あなたがお金に困った経験があれば、自我は執拗《しつよう》に「お金に困らないようにするには、〜しなければならない」と思い込ませたり、人間関係でトラブルを体験していればば「人と関わるには、〜であるべき」というように、あなたを守るために自己主張をして、あなたの無意識に働きかけます。

自我の主張が、あなたを守ろうとするあまり、「〜でなければならない」「〜はダメだ」という否定形で指示を出し続けてしまうと、お金や人間関係のメンタルブロックと呼ばれるものになっていきます。

否定形の指示から行動をすると、何をしても結果的に不安がつきまとい、最初は小さかった自我のメンタルブロックを、さらに強固なものにしてしまいます。

この自我との付き合い方に多くの人が悩み、お金の問題や人間関係の問題を起こしますが、この状況から抜け出す方法も、やはり感謝です。

なぜなら感謝にはもう1つ、**「物事を完了させる」という働きがある**からです。

もし、あなたが感謝できていない人や出来事があれば、そのことを考えるだけで感情的に揺れ動くと思います。この場合、その人や出来事は「あなたにとっての未完了」として、あなたが向き合う必要のあるテーマです。

未完了のままにしているものは、時期を変え、場所を変え、人を変え、同じテーマを繰り返すことになります。

感謝できていない根本的な原因を見つめ直すことは、自分の人生で繰り返されている体験から抜け出すヒントに繋がります。

たとえば、職場に自己主張が強い人がいて、その人と接すると嫌な気持ちになるので、できるだけ関わらないようにしたとします。

すると「自己主張」というテーマから、自分のなかに隠されていた未完了な感情が湧き上がってくる体験をすることになります。

その感情と向き合うことが耐えがたく、自己主張が強い苦手な人と距離をとったとしても、今度は別の人が現れ、同じテーマの感情を体験するドラマが再び繰り返されます。

これが未完了にまつわる、繰り返される投影のドラマです。

このように、自分のなかにある未完了な感情や思いに気づいたら、どのように取り組めばいいのでしょうか。

私の経験上、無理に感謝をしようとすると自我が反応して、「何で自分が我慢して、感謝しなければいけないんだ、相手のほうが悪いんじゃないのか」という気持ちになってしまいがちです。

ですから、出来事も相手も含めた**すべてに大きく感謝をする**ことによって、自我の反論さえも包み込んでいきます。

出来事や人に焦点を当てずに、「**未完了にまつわる、自分の経験すべてに感謝**」をするのです。

人は自我を嫌いますが、**自我とは悪いもの、不必要なものではなく、あなたが統合する必要があるもうひとりのあなた自身であること**を老師は知っています。

老師は自我に対しても全肯定の姿勢、「自我とは、自分のなかで悲しんでいる小さな子どものようなもので、これまで我慢してきた記憶や辛い思い出を、あなたの代わりに覚えてくれている大切な存在」という感謝の気持ちを持っています。

もし、どうしても感謝できない経験や思い出があるのなら、以下のように捉えてください。

「自分には人との関係性の奥に、まだ癒されていないまま隠し持っている感情が眠っている。この感情を見つめていくことは、過去の自分の感情と選択を認め、新しい未来をつくるための素晴らしい機会なのだ」と。

もしあらゆる出来事に感謝できるようになったのであれば、それは、あなたがお金を受けとる準備が整ったというサインでもあります。

お金を通じて感情を揺さぶられることがなくなり、人間関係のドラマにのまれなくなれば、良好な関係性をつくる力が身につき、人を育て、お金の流通量を増やしていくことができます。

私は、最終的に人は「自分を愛してくれる人がいる、支えてくれる人がいる」と心から思えているか、すべての出来事や人に感謝ができているかどうかが、安心して生きていくための土台だと考えています。
だからこそ、自分がギフトを受けとるだけでなく、人に寄り添い、人の自我も反応も全肯定して許していく老師の道を目指す人たちを増やしていきたいと思っています。

嫌な出来事が起きてから感謝するのではなく、最初からすべてに感謝して生きていくのが「感情使いの老師」のあり方なのです。

ワーク 18

1 あなたには、本当はあるのに、ないと思い込んでいるものはありませんか？ 今あるものに感謝していますか？

2 あなたは、あらゆる感情や出来事を全肯定していますか？ できていないのであれば、どんな感情を隠しているのでしょうか？

3 あなたには、感謝できていない未完了の出来事はありませんか？ すべてに感謝して生きる準備は整いましたか？

真の財産を理解し、利を追わず徳を積み続ける

誰かの喜びや感動のためにできることをする

人の本性は、自分にとって都合の悪い時にこそ、出てくるものです。

普段、どれだけ模範的な生き方をしていたとしても、いざという時に出てくる本性が自己都合や自己防衛であれば、まだまだ成長段階ということになります。

損をしたり不利益を被《こうむ》る経験をしても、不平や不満をあらわにすることなく、「次の機会のためのよい経験」と捉えることによって、自分も周りも傷つけずに穏やかな気持ちで過ごすことができます。

私の体験上、「目の前の得」よりも「将来に繋がる徳」を選択したほうが、結果的に得るものが多くありました。

特に、自分がお金に困っていたり、苦難に陥っているにもかかわらず、誰かのために無償で貢献させていただくことは、普段の何倍もの徳を積むことになります。

人知れず誰からも賞賛を受けずに善行を続けて積み上げた徳は、「陰徳」と呼ばれ、最高の徳積みと言われます。

「望む現実化を起こすために徳を貯めよう」という条件付きの動機ではなく、純粋に徳を積むことに喜びを感じながら貢献できるようになると、自分の予想を超えた速度で具現化が起き始めます。

また、自分が徳を積み続けると、その徳を周囲の人々に分かち合うこともできます。

徳を積むことは、畑を耕すことに似ているからです。

畑とは人の器や人格であり、豊かな土壌（器や人格）が整っていれば、自分の種であっても誰かの種であっても、その畑から周囲の人の可能性という種を発芽させることができます。

このような分かち合いによって、自分と周囲の徳がさらに増し、土壌が整い、何をしても、いつも満たされている状態へと入っていくのです。

徳のバロメーターは目に見えないので、数値化はできませんが、もしあなたがイメージしたものがすぐに具現化するのであれば、具現化に必要な一定の量の徳を積み上げてきた証ですので、これからも楽しみながら徳を積み続けてください。

徳を積むというのは、大それたことではなく、誰かの喜びや感動のためにできることと自分の喜びとを重ねていくことです。

真の財産を理解しているか

真の財産とは、不動産、有価証券、車、時計、宝石、といった目に見えるものだけでも、家族、命、健康、友情、夢といった目に見えないものだけでもありません。

普段は手元になかったとしても、これまでの人生で育んできた**信頼を形にすることによって**、あなたがつくることができる財産のことを指します。

真の財産は、以下のように表すことができます。

真の財産（信頼の総量）＝
あなたを信頼してくれている人の数（量）×あなたを信頼してくれている人の豊かさ（質）

すなわち、**あなたがどれだけの人たちから信頼されていて、あなたを信頼してくれる人たちがどれだけ豊かに生きているのか**、ということです。

まずは、あなたへの信頼を確認する前に、あなた自身から周りの人への信頼を考えてみましょう。

もしあなたの親友、友人、同僚、クライアントなどあなたの周りの人たちが、どうしてもお金が必要な状況に陥った時に、誰に対して、いくらであれば、お金を貸すことができますか？

ここで言うお金とは、あくまでも信頼を数値で表したものでしかありませんので、お金を貸せないなら信頼がない、というわけではありません。

何かを手伝うこと、仕事を紹介すること、食事をしたり、ただ話を聞いたり、一緒に過ごすことが、大切な場面もあると思います。

けれども、物理的にお金が必要な場面で、気持ちでしか寄り添えないのか、気持ちもお金も寄り添えるのかでは違いがあります。

もしあなたが、あなたの大切な人の力になりたいのであれば、気持ちでも、お金でも寄り添える自分を目指すことが、真の財産を積み上げることになります。

お金の貸し借りは、多くの日本人にとって、大きな壁の1つです。

お金の話をするだけでもはばかられるのに、お金を借りる、貸すなんてとんでもないと思うかもしれません。

「貯金をしなさい」「無駄遣いは止めなさい」「お金の貸し借りはやめなさい」という日本人が受けているお金の三大教育は、お金に対する偏った思い込みを私たちに与え、「お金の切れ目が縁の切れ目」という言葉もあるほど、お金とネガティブな人間関係のたとえは密接に関わっています。

もし、あなたが緊急の事態に陥り、お金が必要になったとします。

あなたにお金を貸しても、返ってこないかもしれない。

もしかしたら、人間関係がこじれるかもしれない。


このようなリスクを理解したうえで、誠実にあなたと向き合い、相談に乗ってくれる人がどのくらいいるのか。

この関係こそが「お金以上に貴重な真の財産」ということを、老師は理解しています。


ここでのお金の貸し借りとは、**感情と信頼の受け渡しができるかどうかが本質**であって、実際にお金を貸せるか貸せないかという話ではありません。

ですが、たとえ100円でも、1000円でも貸してくれる人たちがいるのであれば、その人たちは、あなたにとって、とても大切な存在であると言えます。

あなたの周りにいる人たちが、あなたのことを信頼し、大切に思ってくれていたとしても、「あなたに協力するよ！　でも3万円しか今は出せないんだ」という状況であれば、真の財産に換算できるのは3万円です。

100万円を貸してくれる友人、30万円貸してくれる友人、1万円しか出せないけど力を貸してくれる友人、そのような存在があなたにとっての真の財産だということです。

あなたの周りには、あなたが思っている以上に関係性という豊かさが溢れている、という見方をお伝えしたいのです。

私たちは自分の貯金を増やすだけでなく、周りの人たちとの深い繋がりを感じることができるコミュニティをつくりながら真の信頼関係を築き、自分も仲間も共に応援をし合うことによって、一緒に豊かになることができる存在です。

このように聞くと特殊な話に聞こえるかもしれませんが、自分が信頼する人にお金を使う、お金を預けるという形態が発展したものが、ビジネスであり、投資です。

もし仮に現段階では、あなたにお金を貸してくれる人も少なく、集めることができる金額が少なかったとしても、周囲との人間関係を見直していくことで、真の財産をいつからでも積み上げることができます。

今ある人間関係を大切にしていくこと、そして、**その人たちとの未来の可能性を大切にすること**は、目の前の損得よりも、**将来に繋がる徳という信頼を選択すること**です。

その分かち合いによって、何をするにもいつも周囲から応援され、満たされながら真の財産を築くことができるのです。

人を愛する教育者としての老師

お金の問題とは感情の問題であり、関係性の問題であることをお伝えしてきましたが、私たちが感情や関係性を学ぶ最初の相手は、両親です。

ですから、お金の問題に悩んでいる人の多くが、実は両親との関係に何らかのしこりを持ったまま、大人になっているケースが多く見られます。

そのため老師は、お金のやりとりや仕事を通じて、時に父親役、時に母親役として、関わる人たちの未完了な感情が成熟するための役割を果たすことになります。

自分の父親に言えなかったことを老師に伝えることで父親の愛に気づき、自分が母親にして欲しかったことを老師にしてもらうことで母親の愛に気づくのです。

このプロセスの途中では、老師に尊敬を抱きながらも、見守られている安心感から、両親に対する反抗期のような感情が老師に対して表れます。

それゆえに、癒されていない感情を老師にぶつけることで、老師を嫌いになり、自ら離れてしまう人も出てくるのですが、老師はそこで一喜一憂することはありません。

老師は、相手の揺れている今の感情ではなく、その奥にある感情の本質を見つめています。

関係性にまつわるたくさんの経験を積んできたため、今の自分にできる関わりをしていくことが最善であり、相手の自我に反応も執着もすることなく、目の前の人に寄り添い続けてきます。

もちろん老師も同じ人間ですから、未熟な部分が残っていますが、その未熟さすら関わる人たちのためのギフトとして差し出すのが、老師の教育者としての深さです。

「この先生は私の理想と違う」と感じると、老師から離れて別の新しい先生を見つけようとする人もいますが、尊敬する人の弱さを自分事として愛し、一緒に許し合うことができれば、老師もその人も新しいステージに進むことができます。

老師は教える人でありながら、その本質は、愛し愛され、共に生きる存在です。

教える側、教わる側という一方通行の関係ではなく、豊かな感情や信頼を共に育み、常に学び合える関係だとお互いを理解していくこと。

すると、関係性を養っていく力が身につき、豊かなお金と人の感情の動かし方を理解できるようになり、周囲にも物理的な豊かさを手にする人が増えてきます。

これがお金と感情の秘密を示した地図を手に入れ、感情使いとなった老師としてのあなたの旅の終わりです。

ワーク
19

1　あなたは、日々、徳を積む楽しさを味わっていますか？

2　あなたは、真の財産を築いていくために、どのような信頼関係をつくっていきますか？

3　あなたの理想の老師像を書き出してみましょう

おわりに

最後まで読んでいただき、ありがとうございました。

本書は、私自身のこれまでの学びや経験をまとめ、ひとりでも多くの方がお金の不安から解放されることをイメージして、書かせていただきました。

お金の問題を引き起こす原因は、私たちのお金に対する思い込みです。

お金をはじめとする、現実の出来事や結果に、善悪や正解不正解は存在しません。

もし、目の前の現実を変えていきたいのであれば、私たちの世界に対する見方を変えていくことが大切だということを、お金は教えてくれています。

私自身、精神世界にも現実世界にも通用するさまざまな原則を学び続け、20代の締めくくりに大学院に通い、MBA（経営学修士）も取得しました。

これまでの道のりを振り返って思うのは、目に見える世界で豊かに生きるためには、目に見えない世界も大切にしなければならないということです。

目に見えない世界こそがすべてだと、盲目的に信じることはナンセンスだと思います。

ですが、現実に向き合えば向き合うほど、目に見えない世界の影響が確かに存在することを認めざるを得ないような体験をたくさんしてきました。

そのなかでも「お金」というのは、精神世界と現実世界の両方の観点から探求することができる、素晴らしいツールだと感じています。

- 自分の感情と向き合うと、なぜか必要な出来事が起きる
- ずっと疎遠にしていた人のことを許せた瞬間に、新しい出会いや仕事が始まる
- 人生における許しを体験すると、人生が好転する
- 真の豊かな人生とは、自分以外だと思っている存在との繋がりから生まれていく

私の力不足で、今はまだすべての人が納得いくような理論や言葉で、うまく表現することはできませんが、どうやら、私たちの世界は繋がっているようです。

私たちがこれから生きていく未来には、過去の延長線上にない、まったく新しい可能性が満ち溢れています。

お金を基準に生きる時代から、感情や関係性を基準にして生きる時代へ。

所有することから、共有する時代へ。

この世界の面白さを、これからもみなさんと一緒に体験していきたいと思っています。

本書を書き上げるにあたり、一番近くで支えてくれた佐川奈津子さん、出版という大きな機会を与えてくれたフォレスト出版の杉浦さん、稚拙な文章を読者の方に伝わるようにサポートしてくださったライターの橋本さん、大切なタイミングでいつも背中を押してくれたシゲマさん、そして、いつも共に生き続けてくれているオールスターズのメンバーや繋がりのあるすべての方に、心より御礼申し上げます。

本当にありがとうございます。

いつの日か、この本を読んでくださったあなたにお会いできる日を楽しみにしています。

２０１７年10月

吉武大輔

[著者プロフィール]
吉武大輔（Yoshitake Daisuke）
やさしいお金持ちをつくる専門家
MBA（経営学修士）、7つの習慣® アカデミー協会 認定ファシリテーター、IMAGINE INC. 最高経営責任者（CEO）、株式会社 ones holdings 取締役会長、株式会社 Alchemy International 取締役、株式会社 Community Consulting Japan 相談役

1986年、山口県生まれ。射手座のA型、動物占いはペガサス、マヤ暦はKIN69。18歳の時に英語の教員を目指して上京するも、大学在学中の2000人以上との出会いをきっかけに、卒業後1年間の準備期間を経て独立。世界No.1マーケッター　ジェイ・エイブラハムのマーケティング理論・ランチェスター戦略・ドラッカー理論・7つの習慣・経営学修士（MBA）など現実的成果を生み出す経営戦略と、スピリチュアル・陽明学・九氣方位学・奇跡のコース・エネルギーワークなど精神世界と呼ばれる領域の両方を幅広く探求し、現実と精神を融合した独自のビジネス理論・コンサルティング手法を確立。日本全国にクライアントを持つ異色のコンサルタント。過去の累計相談件数は7000件を超え、売上規模（年商数十万～十数億円）、業種業界、個人法人問わず、幅広いビジネスやコミュニティに関わりながら、現実世界と精神世界の橋渡しをミッションに、全国で講師・講演活動を行っている。目に見えない世界や抽象的でわかりづらい世界を、わかりやすくかつ論理的に伝えることを得意とする。座右の銘は、Everything's gonna be alright.

編集協力／Bullet Thinking
ブックデザイン／小口翔平＋上坊菜々子＋喜來詩織（tobufune）
本文DTP／山口良二

やさしすぎるあなたがお金持ちになる生き方

2017年12月18日　初版発行

著　者　吉武大輔
発行者　太田　宏
発行所　フォレスト出版株式会社
〒162-0824　東京都新宿区揚場町2-18　白宝ビル5F
電話　03-5229-5750（営業）
03-5229-5757（編集）
URL　http://www.forestpub.co.jp

印刷・製本　日経印刷株式会社

ISBN978-4-89451-782-0　Printed in Japan

FREE!

『やさしすぎるあなたがお金持ちになる生き方』

購入者限定! **無料プレゼント**

特製! 4タイププキャラ診断

PDFファイル

あなたにぴったりのお金持ちになる生き方がわかる!
この診断では、本書でご紹介した「4つのタイプ」のどれにあなたが当てはまるかを客観的に知ることができます。まずは自分の現在地を正しく知ることが、お金持ちになるための第一歩。さっそく診断を受けてみましょう!

今回のプレゼントは本書を
ご購入いただいた方、限定の特典です。

この無料プレゼントを入手するには
コチラへアクセスしてください

http://frstp.jp/yasashi

※特典は、ウェブサイト上で公開するものであり、冊子やCD・DVDなどをお送りするものではありません。

※上記無料プレゼントのご提供は予告なく終了となる場合がございます。あらかじめご了承ください。